领导干部
竞争性选拔研究

陈曦　方振邦 ◎ 著

首都经济贸易大学出版社

Capital University of Economics and Business Press

·北 京·

图书在版编目（CIP）数据

　　领导干部竞争性选拔研究／陈曦，方振邦著. -- 北京：首都经济贸易大学出版社，2024. 9. -- ISBN 978-7-5638-3768-7

　　Ⅰ. D630.3

　　中国国家版本馆 CIP 数据核字第 20245FQ024 号

领导干部竞争性选拔研究

LINGDAO GANBU JINGZHENGXING XUANBA YANJIU

陈　曦　方振邦　著

责任编辑	晓　地
封面设计	砚祥志远·激光照排　TEL：010-65976003
出版发行	首都经济贸易大学出版社
地　　址	北京市朝阳区红庙（邮编 100026）
电　　话	(010) 65976483　65065761　65071505（传真）
网　　址	http：//www. sjmcb. cueb. edu. cn
经　　销	全国新华书店
照　　排	北京砚祥志远激光照排技术有限公司
印　　刷	北京九州迅驰传媒文化有限公司
成品尺寸	170 毫米×240 毫米　1/16
字　　数	187 千字
印　　张	10.75
版　　次	2024 年 9 月第 1 版
印　　次	2024 年 9 月第 1 次印刷
书　　号	ISBN 978-7-5638-3768-7
定　　价	48.00 元

前　言

　　随着市场经济的不断发展和改革开放的持续深入，民主、竞争、公开等理念逐渐深入人心，如何顺应时代发展，将这些理念融入干部工作中来，是当前及未来干部选拔工作需要持续关注的问题。当前，我们正处在中国特色社会主义进入新时代的历史方位和全面建设社会主义现代化国家的关键阶段，面临着前所未有的困难和挑战。因此，在复杂形势下把政治立场坚定、领导能力优异、管理水平突出的领导干部挑选出来，是干部工作五大体系之一——选拔任用体系的重要任务。

　　竞争性选拔是我们党在特定的历史时期顺应时代发展和现实要求的背景下，高度重视并致力推行的一场深刻变革。竞争性选拔在选人用人视野、民主化程度、竞争择优功能、识人察人方法、开放性和透明度上具有较强的优势和特点，在各地各部门得到广泛应用，在一定程度上体现并顺应了中国政治体制改革的方向和干部人事制度改革的潮流。经过数十年的不断发展，竞争性选拔在拓宽选拔视野、提升选人用人公信度、遏制不正之风、激发干部队伍活力以及提高干部选拔工作科学化水平方面发挥了巨大作用。竞争性选拔在党的重要文件中多次被提及，党的十七届四中全会提出要完善公开选拔、竞争上岗等竞争性选拔干部方式；党的十八大报告中明确指出要完善竞争性选拔干部方式；党的十八届三中全会要求改进竞争性选拔干部方式。然而，随着竞争性选拔工作的不断推进，在实践中也慢慢暴露出一些问题。有些地方过于看重考试成绩，没有有效结合考核、考察的结果，忽视了对干部工作实绩、日常表现等其他方面的综合评价，出现了一些"高分低能""会考不会干"等现象；个别地方竞争性选拔出来的干部素质不高，干部不服气、群众有意见；还有少数地方盲目追求竞争性选拔干部的比例，大搞"凡提必竞"。这些问题严重影响并制约了竞争性选拔工作质量和选人用人公信度的提高。因此，站在新的历史节点，客观看待竞争性选拔在我国干部选拔历史长河中的地位和作用，重新审视竞争性选拔存在的问题和原因，提出改进竞争性选拔工作的对策建议，既有助于完善竞争性选拔工作本身，对丰富干部选拔任用体系也大有裨益。

本书以竞争性选拔为研究对象，运用文献研究和实证研究相结合的方法，对其概念、理论基础、研究现状进行了细致梳理，在系统回顾干部选拔发展历程的基础上，将竞争性选拔的发展阶段划分为萌芽探索、集中开展、逐步规范、整体推进和调整完善五个阶段，并总结归纳了竞争性选拔在拓宽选拔视野、提高选人用人公信度、遏制不正之风、激发队伍活力以及提高干部选拔科学化水平等方面的贡献。此外，本书还详细阐述了竞争性选拔在思想认识、适用范围、资格条件、程序设计、方法技术、后续管理、专家队伍建设和成本效益等八个方面的若干问题，并对造成上述问题的原因进行了深入剖析。在借鉴国外高级公务员竞争性选拔经验的基础上，本书从上述八个方面构建了科学有效的竞争性选拔机制，提出了改进与完善竞争性选拔工作的对策建议。

本书不仅可以作为普通高等院校公共管理类专业本科生和研究生系统了解我国领导干部竞争性选拔工作的教材，也可以作为组工干部和公共部门管理者解决实际工作中痛点难点问题的案头书。

首都经济贸易大学出版社的编辑为本书的审校和顺利出版提供了诸多宝贵建议，感谢他们的辛勤劳动！虽然我们力臻完美，但限于水平，书中的纰漏和不足在所难免，敬请各位同仁、专家和读者朋友批评指正、不吝赐教。

目　录

CONTENTS

第一章 绪 论

第一节 研究背景

当前，我国正处于全面建成小康社会的关键时期和全面深化改革的攻坚阶段。经济上，随着改革开放和市场经济的持续发展，在党的领导下，我国在经济建设领域已经取得了跨越式发展，人民群众的生活水平得到显著提高。尤其进入 21 世纪以来，我国各方面的实力不断增强，国际影响力也日渐上升。但是，受国际形势复杂多变、全球经济不景气的影响，我国的经济处在下行区间，进入经济发展新常态，面临非常严峻的挑战。随着经济体制改革进入攻坚期，地区间发展不平衡、不协调，市场经济的滞后性、自发性等弊端也开始显现。经济体制的变革和形势的发展迫切要求政治体制的不断改革与完善。

随着经济基础的发展，上层建筑也发生了变化。改革开放的逐步深入与市场经济的迅猛发展，使广大人民群众的民主、公正意识逐步增强，参与政治生活的热情越发高涨。而在党政领导干部群体中，市场经济带来的竞争、公开、透明的理念也越发深入人心。因此，面对政治环境的变化，以树立良好用人导向，扩大民主、提高选人用人科学化水平为重点的干部人事制度改革工作势在必行。

中国特色社会主义干部人事制度，是中国特色社会主义政治制度的重要组成部分。构建更加成熟、更加完善的干部人事制度体系，是发展中国特色社会主义民主政治的内在要求，也是新时期加强和改进党的建设的重要举措。全面深化干部人事制度改革，能够为扎实推进"四个全面"战略布局提供可靠的人才资源和保障。作为干部人事制度改革的核心内容，干部选拔工作是构建科学的选人用人机制，加强党的执政能力建设，全面深化改革的关键。各级党政领导干部作为引领经济社会发展，推动"四个全面"的核心力量，承担着历史重任和光荣使命。他们的政治立场、知识水平、管理能力对党和国家各项事业的完成有着至关重要的影响。因此，如何把懂管理、能够驾驭复杂经济和社会情况的党政领导干部选拔出来，是当前及未来干部选拔工作的改革方向。

竞争性选拔是创新和完善中国特色社会主义干部人事制度的重点和着力点，是我们党在新的历史时期顺应时代发展和现实要求的背景下，高度重视并致力推行的一场深刻变革。竞争性选拔在选人用人视野、民主化程度、竞争择优功能、识人察人方法、开放性和透明度上具有较强的优势和特点，在各地各部门得到广泛应用，在一定程度上体现并顺应了中国政治体制改革的方向和干部人事制度改革的潮流。经过数十年的不断发展，竞争性选拔在拓宽选拔视野、提升选人用人公信度、遏制不正之风、激发干部队伍活力，以及提高干部选拔工作科学化水平方面发挥了巨大作用，被广大干部群众评为"最有成效的改革举措"。竞争性选拔在党的重要文件中也多次被提及，党的十七届四中全会提出要完善公开选拔、竞争上岗等竞争性选拔干部方式；党的十八大报告中明确指出要完善竞争性选拔干部方式；党的十八届三中全会指出要改进竞争性选拔干部方式。

然而，随着竞争性选拔工作的不断推进，在实践中也暴露出一些问题。有些地方过于看重考试成绩，没有有效结合考核、考察的结果，忽视了对干部工作实绩、日常表现等其他方面的综合评价，出现了"高分低能""会考不会干"等现象；个别地方竞争性选拔出来的干部素质不高，干部不服气、群众有意见；还有少数地方盲目追求竞争性选拔干部的比例，大搞"凡提必竞"。这些问题严重影响并制约了竞争性选拔工作质量和选人用人公信度的提高。

这些问题的出现既有竞争性选拔自身的原因，也有在实践中由于党政领导干部思想认识上存在误区、程序设计不合理等因素。因此，系统研究党政领导干部竞争性选拔工作，明晰基本概念与理论基础，借鉴国外先进经验，提出改进与完善的对策建议，是解决当前竞争性选拔工作中存在突出问题的必由之路，也是顺应干部人事制度改革和政治体制改革的必然要求，更是应对经济新常态和推进"四个全面"贯彻落实的重要措施。

第二节　研究意义

本研究通过对党政领导干部竞争性选拔工作的相关概念、理论、文献进行归纳整理，总结出当前在该项工作中存在的问题，并通过借鉴国外高级公务员竞争性选拔的做法与经验，基于我国干部工作的实际，提出改进与完善的对策建议，为提高我国党政领导干部竞争性选拔工作的科学化水平提供参考。本研究的理论意义和实践意义有三点。

第一，充实和完善了党政领导干部竞争性选拔工作的理论基础。通过对文献的深入分析，明确界定了竞争性选拔的概念及内涵，并与常规选拔做了深度对比。在此基础上，详细阐述了包括职位分析、胜任特征、人才测评、公平理论等与竞争性选拔相关的理论，夯实了竞争性选拔工作的理论基础。此外，详细梳理了近十年学术界在竞争性选拔领域的研究成果，系统总结了这个领域的研究现状，为明确未来研究方向做了铺垫。本研究回顾了干部选拔的历史沿革和竞争性选拔工作的发展历程，提供了从历史维度理解竞争性选拔的产生与发展的视角。

第二，为我国党政领导干部竞争性选拔工作的实践提供了参考和借鉴。首先，在细致分析了实践中各种选拔方式之后，提炼了竞争性选拔方式的三个分类基准，将目前所有被称为竞争性选拔的方式进行归类，得到竞争性选拔的五种基本方式：公开选拔、竞争上岗、公推竞岗、公推比选和公推公选，并根据不同情形，比如报名人数多或少、选拔职位的特点等，设计了不同的选拔程序，建立了竞争性选拔程序库，供管理实践者在开展竞争性选拔工作中依据现实情况选择。其次，深入研究了竞争性选拔考试、考核、考察三个核心要素后，在完善考试、考核、考察自身工作方面提出了可行性方案，并在此基础上，从程序设计的角度为考试、考核、考察结果的有机结合探索了路径，为竞争性选拔在实际开展时提供了参考。

第三，为我国党政领导干部竞争性选拔工作有效性和科学性的提升提供了技术支撑。通过对该项工作的系统剖析，本研究解决了在思想认识、适用范围、资格条件、程序设计、方法技术、后续管理、专家队伍建设和成本效益八个方面的问题，尤其在程序设计、方法技术两个问题突出、技术性要求较高的方面，在归纳了竞争性选拔的五种选拔方式的基础上，对每种选拔方式的程序进行了规范；同时，又对考试试题的优化，考试测评方法技术的组合，实绩考核体系的构建，考察手段的丰富完善，以及三考有机结合等问题进行了深入研究，提出了有针对性的解决措施，为推动竞争性选拔的规范化和制度化指明了方向，为提升该项工作的科学化水平提供了技术支撑。

第三节　研究内容

本研究紧紧围绕党政领导干部竞争性选拔工作的核心，着重研究了四个关键问题。

第一，如何规范竞争性选拔方式及其基本程序的问题。从竞争性选拔工作的实践领域看，目前各地各部门竞争性选拔方式名目繁杂，选拔程序随意性较大，本研究通过系统研读相关文献并结合实践领域的相关情况，深入分析了各地各部门使用的竞争性选拔方式及其程序。在此基础上，提炼了竞争性选拔方式的三个分类基准：选拔范围、选拔手段和选拔对象。以此为依据，重新将竞争性选拔方式划分为五种，即公开选拔、竞争上岗、公推竞岗、公推比选和公推公选，并对五种竞争性选拔方式的概念、基本程序、适用情境等问题进行了规范。

第二，如何考实考准干部实绩的问题。实绩是干部在本职岗位上通过个人努力取得的实际成绩、政绩，表现为一定时期内具体的工作行为、产出及其成果。党历来高度重视对干部实绩的甄别和考核，将其作为考察、培养和选拔任用干部的重要依据。干部实绩已经渗透到竞争性选拔工作的各方面。首先，干部实绩是决定其是否有资格参加竞争性选拔的前提条件。领导干部只有在原岗位表现优异，工作实绩突出，才能够参加竞争性选拔；其次，干部实绩也会对竞争性选拔的其他环节产生影响。不论是经历业绩评价、民主测评还是考察，党政领导干部的工作实绩都包含在竞争性选拔的环节中，影响着最终的选拔结果。因此，要进一步提高竞争性选拔工作的质量和公信度，切实解决"会考不会干"等突出问题，关键在于攻克考实考准干部实绩的难题。只有准确衡量党政领导干部在原岗位的工作实绩，才能有效落实"让干得好的考得好，能力强的选得上，作风实的出得来"的目标，但是目前的干部实绩考核仍然存在考核内容模糊，标准难以量化、细化等问题，导致干部在工作岗位上的实绩难以考实考准。据此，本研究对干部实绩考核进行了系统思考，在健全完善考核标准，科学设置考核内容，改进考核方式方法等方面做出进一步的探索，提出了切实有效地衡量干部实绩的措施，为竞争性选拔工作提供了有力的支撑。

第三，如何实现考试、考核、考察有机结合的问题。考试、考核、考察是竞争性选拔工作中的重要组成部分，各有不同的功能，共同决定竞争性选拔的结果。因此，在分别完善考试、考核和考察工作的基础上，让三者有机结合，是提高党政领导干部竞争性选拔工作科学化水平的必由之路。然而在现实中，由于考试、考核、考察缺乏有机结合，导致"会考不会干""干得好的考不好""高分低能"等现象时有发生，严重阻碍了竞争性选拔工作的长期发展。本研究在明确考试、考核、考察基本概念和功能定位的基础上，通过在选拔程序设计上体现"三考"结合，注重"三考"结果的综合运用，提出了有效实现"三考"结合的实施路径，为下一步竞争性选拔工作的改进与完善提供了参考。

第四，如何借鉴国外高级公务员竞争性选拔做法的问题。国外公务员制度历经多年的发展，业已形成较为完善的体系，尤其在高级公务员竞争性选拔方面，有着较为成熟的做法，对完善我国党政领导干部竞争性选拔工作具有一定的参考和借鉴价值。本研究选择了在这方面有着丰富经验的美国、英国、澳大利亚、韩国四个国家，深入剖析了各国高级公务员竞争性选拔的标准及流程，总结归纳了值得我国借鉴的经验与启示。

第四节　研究方法

本研究主要采用文献研究与实证研究相结合的方法，对党政领导干部竞争性选拔工作进行了系统研究。

一、文献研究

根据研究内容的特点，运用文献研究法对党政领导干部竞争性选拔工作的开展进行了深入了解。通过查阅中国期刊全文数据库、万方数据资源系统、维普期刊资源整合平台、Sage、JSTOR、EBSCO等数据库，搜集了大量有关我国党政领导干部竞争性选拔、人才测评理论、国外高级公务员竞争性选拔的学术论文；利用中国人民大学图书馆的馆藏资源，翻阅了大量著作和报刊，了解了我国干部选拔工作的相关内容；通过登录政府网站和Google学术等搜集网络资源，获取了与干部选拔和竞争性选拔相关的法律法规，并结合相关材料，对党政领导干部竞争性选拔工作的实践做法进行了系统研究。通过广泛搜集和查阅文献资料，对竞争性选拔的概念、理论基础、发展脉络、实践中的做法与问题、解决对策等内容做了较为全面的梳理和总结。

二、实证研究

本研究通过问卷调查法了解了不同地域、不同级别、不同类型的党政领导干部对竞争性选拔工作的看法和态度。由于国内外并没有关于竞争性选拔的比较权威的问卷，因此，本研究在文献研究法的基础上，结合国内实际自行编制了调查问卷（见附录）。本问卷分为两大部分，第一部分是竞争性选拔相关问题，共分为四个维度 26 个问题，内容包括竞争性选拔的成就与贡献（1~5 题）、竞争性选拔存在的问题（6~18 题）、竞争性选拔的优势（19~21题），以及常规选拔的优势（22~26 题）等内容，较为全面地涵盖了目前我国党政领导干部竞争性选拔工作的核心问题。这部分问卷采用利克特 5 点计分，按照"非常不同意""较不同意""一般""比较同意""非常同意"，分别赋予 1、2、3、4、5 分；第二部分是个人基本信息，对调查对象的性别、年龄、学历、工作时间、行政级别、是否参加过竞争性选拔等内容进行了调查，调查对象以填空或打钩的形式回答问题。

问卷面向河南省巩义市和黑龙江省海林市所有委办局和乡镇领导班子成员。共发放问卷 750 份，回收 732 份，其中有效问卷 706 份，有效率为 96%。此次问卷调查的样本分布情况如表 1-1 所示。

表 1-1　样本分布情况

人口统计学变量		人数	百分比（%）
性别	男性	535	75.8
	女性	142	20.1
	缺失	29	4.1
年龄（岁）	26 以下	3	0.4
	26~30	23	3.3
	31~35	55	7.8
	36~40	114	16.2
	41~45	182	25.8
	46~50	219	31.0
	51~55	79	11.2
	56 以上	6	0.8
	缺失	25	3.5

人口统计学变量		人数	百分比（%）
教育程度	中专、高中	5	0.7
	大专	111	15.7
	本科	507	71.8
	硕士及以上	55	7.8
	缺失	28	4.0
工作时间（年）	6 以下	190	26.9
	6~10	135	19.1
	11~15	95	13.5
	16~20	70	9.9
	21~25	104	14.7
	26 以上	84	11.9
	缺失	28	4.0
行政级别	副科级	446	63.2
	正科级	198	28.0
	副处级	19	2.7
	正处级及以上	3	0.4
	缺失	40	5.7
是否参加过竞争性选拔	是	370	52.4
	否	308	43.6
	缺失	28	4.0
合计		706	100.0

调查显示，此次样本有六个显著特征。

第一，从性别看，男性的比例远大于女性，占总人数的 75%，反映了两市各委办局和乡镇中领导干部的男女比例差异，也总体符合我国党政领导干部中男性居多的现实。

第二，从年龄看，处于 40~50 岁的党政领导干部比例最高，占比超过调查对象的 55%，30 岁以下和 56 岁以上的领导干部占比均不超过 4%。

第三，从教育程度看，本科的比例最高，达到 71.8%，硕士及以上的领导干部只有 55 人。

第四，从在目前单位的工作时间看，样本分布比较分散，工作 6 年以下和 6~10 年的人数最多。

第五，从行政级别看，正科级以下的党政领导干部占绝大多数，超过了90%。由于河南省巩义市和黑龙江省海林市都是县级市，其委办局和乡镇都是正科级单位，但巩义市属于省直管，级别较海林市稍高。

第六，从是否参加过竞争性选拔看，参加过竞争性选拔的稍高于没参加过竞争性选拔的，但差距并不明显。

此外，本研究对该问卷进行了探索性因素分析，采用主成分法抽取因子，以特征根大于1为因素抽取的原则。用26个条目进行探索性因素分析发现KMO＝0.909。如果KMO>0.9，表示统计结果很好，KMO值越大，表示变量间的共同因素越多，越适合进行因子分析。由此可见，此竞争性选拔量表适合做因子分析，如表1-2所示。

表 1-2　KMO 和 Bartlett 的检验

取样足够度的 Kaiser-Meyer-Olkin 度量		0.909
Bartlett 的球形度检验	近似卡方	10 546.448
	df	325
	Sig.	0.000

从探索性因子分析的结果看，竞争性选拔量表呈现清晰的四因子结构，各个项目均负荷在相应的因子上，且具有较大的负荷，而且各因素的α系数和总体一致性系数都大于0.70，累积解释的变异量达到64.46%，量表信度和效度较好。根据量表的内容，将该四因子分别命名为：竞争性选拔的问题（M1）、竞争性选拔的成就（M2）、常规选拔的优势（M3）、竞争性选拔的优势（M4），如表1-3所示。

表 1-3　竞争性选拔量表探索性因素分析结果

项目	因子负荷			
	竞争性选拔的问题	竞争性选拔的成就	常规选拔的优势	竞争性选拔的优势
Q14	0.854	—	—	—
Q16	0.823	—	—	—
Q13	0.821	—	—	—
Q15	0.812	—	—	—
Q11	0.808	—	—	—

续表

项目	因子负荷			
	竞争性选拔的问题	竞争性选拔的成就	常规选拔的优势	竞争性选拔的优势
Q7	0.799	—	—	—
Q12	0.796	—	—	—
Q8	0.791	—	—	—
Q6	0.736	—	—	—
Q10	0.670	—	—	—
Q18	0.620	—	—	—
Q9	0.550	—	—	—
Q17	0.496	—	—	—
Q2	—	0.917	—	—
Q4	—	0.894	—	—
Q1	—	0.893	—	—
Q3	—	0.884	—	—
Q5	—	0.716	—	—
Q23	—	—	0.865	—
Q24	—	—	0.835	—
Q22	—	—	0.808	—
Q26	—	—	0.752	—
Q25	—	—	0.751	—
Q20	—	—	—	0.830
Q21	—	—	—	0.784
Q19	—	—	—	0.716
Cronbach 系数	0.930	0.924	0.865	0.746
总体一致性系数	0.885	—	—	—
特征根	7.554	5.027	3.116	1.063
解释的变异量（%）	29.055	19.333	11.985	4.087
累计解释的变异量（%）	29.055	48.389	60.374	64.461

第五节　研究框架与结构

根据研究内容和研究目的，为了系统地对党政领导干部竞争性选拔工作的相关内容进行论述，本研究将分六章对竞争性选拔的概念、理论基础、文献综述、发展历程、存在问题，及解决对策等内容进行详细阐述。本研究的框架如图1-1所示。

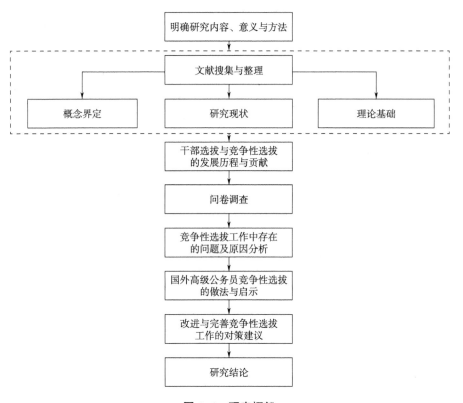

图1-1　研究框架

首先，在明确了研究意义、内容和方法的基础上，本研究通过系统收集相关的法律法规、国内外文献、各地实践汇总及领导讲话等资料，界定了与研究内容相关的概念，整理了包括职位分析、胜任特征、人才测评、公平理论等在内的理论基础，分析并归纳了国内对竞争性选拔的研究现状，为问题的展开奠定了研究基础。其次，本研究系统梳理了干部选拔和竞争性选拔的发展历程，并深入总结了竞争性选拔工作的成就与贡献。再次，本研究基于文献综述设计了关于竞争性选拔工作的调查问卷，一方面期望通过问卷调查了解广大干部群众对竞争性选拔的态度和认识；另一方面验证文献中提到的问题及对策。最后，本研究提出了目前我国领导干部竞争性选拔工作中存在的八类问题及原因，并在借鉴国外高级公务员竞争性选拔工作成功经验的基础上，结合我国实际，提出了改进与完善党政领导干部竞争性选拔工作的对策建议。

第一章，绪论部分，阐明了研究背景、理论意义和实践意义、主要研究了哪些问题、采用了哪些研究方法，以及研究的框架与结构等基础内容。

第二章，理论基础与文献综述，主要对本研究涉及的概念、理论基础和文献进行了系统梳理。在概念界定部分，对党政领导干部、干部选拔、竞争性选拔和常规选拔进行了定义和辨析。为了突出考试、考核、考察三个因素在党政领导干部竞争性选拔工作中的重要性，也对其概念、功能定位、三者关系进行了详细阐述。在理论基础部分，对人力资源管理理论中的职位分析、胜任特征、人才测评和公平理论等进行了概述。在文献综述部分，对目前我国在党政领导干部竞争性选拔工作方面的研究进行了剖析与评述，并将现有文献划分为关于竞争性选拔工作整体的研究、针对某一具体选拔方式的研究、介绍某地具体经验做法的研究三类，有效地对文献进行了整理与分析。

第三章，对干部选拔工作的历史沿革和竞争性选拔的发展历程进行了细致梳理，并归纳概括了竞争性选拔工作的成就与贡献。竞争性选拔工作是干部选拔工作发展到特定阶段的产物，也是干部选拔工作的重要组成部分，因此，梳理干部选拔工作的历史沿革有助于了解和把握竞争性选拔工作的发展历程。本研究按照管理权限、选拔标准、选拔方式和选拔手段的框架，对自建党初期到目前的干部选拔工作进行了分析。此外，又将党政领导干部竞争性选拔工作划分为萌芽探索、集中开展、逐步规范、整体推进和调整完善五个阶段，对每个阶段的代表性事件和整体特点进行了细致描述。在此基础上，总结归纳了竞争性选拔的成就与贡献。

第四章，概括了目前党政领导干部竞争性选拔工作中存在的问题，深入剖析了造成这些问题的原因。结合问卷调查的结果和相关文献的分析，本研究将党政领导干部竞争性选拔工作存在的问题分为思想认识、适用范围、资格条件、程序设计、方法技术、后续管理、专家队伍建设和成本效益八个方面，在每个方面又将具体问题细化，并对每个问题的原因进行了分析，为提出改进与完善竞争性选拔工作的对策建议打下基础。

第五章，介绍了国外高级公务员竞争性选拔工作的做法与启示，目的在于对我国党政领导干部竞争性选拔工作的开展与推进提供借鉴意义。本研究选取了美国、英国、澳大利亚和韩国，对每个国家高级公务员的基本情况、选拔标准、选拔程序进行了深入分析。在此基础上，总结归纳了国外高级公务员竞争性选拔对我国的启示。

第六章，提出了改进与完善党政领导干部竞争性选拔工作的若干对策建议。在深入分析存在问题及原因、借鉴国外先进经验的基础上，结合我国干部选拔的工作实际，从提高党政领导干部的认识水平，科学界定适用范围，合理设定资格条件，规范竞争性选拔方式及程序，开发和运用科学的考试、考核、考察的方法技术，加强竞争性选拔的后续管理，加大队伍建设力度，提高效率、降低成本等角度，提出了具有建设性和可操作性的对策建议。

第二章　理论基础与文献综述

第一节　概念界定

一、党政领导干部

党政领导干部在我国是使用非常频繁的词汇，涵盖范围非常广泛，但却缺少对这个概念权威清晰的界定。领导干部是与党政领导干部相近的概念，经常被视为同义词使用。党政领导干部的概念可以在党和政府的文件中获得相关信息。2002 年，中共中央颁布实施并于 2014 年修订出台的《党政领导干部选拔任用工作条例》（以下简称《干部任用条例》），第一章第四条中明确指出，条例适用范围包括"中共中央、全国人大常委会、国务院、全国政协、中央纪律检查委员会工作部门或者机关内设机构领导成员，最高人民法院、最高人民检察院领导成员（不含正职）和内设机构领导成员；县级以上地方各级党委、人大常委会、政府、政协、纪委、人民法院、人民检察院及其工作部门或者机关内设机构领导成员；上列工作部门内设机构领导成员。"① 由此可以看出，笼统地讲，党政领导干部包括中央及地方县级以上党委、人大常委会、政府、政协、纪委、法院、检察院及其工作部门或内设机构领导成员。2006 年，正式施行的《中华人民共和国公务员法》（以下简称《公务员法》）规定，公务员分为领导职务和非领导职务。其中，领导职务公务员又被细分为从国家级到乡科级十个层次。因此，从公务员级别的角度说，党政领导干部是指乡科级副职以上的领导职务公务员，这与《干部任用条例》中的规定是一致的。因为地方县级党委政府的工作部门或内设机构领导成员都是乡科级副职以上的党政领导干部。因此，从《干部任用条例》和《公务员法》的规定看，党政领导干部就是指乡科级副职以上、在中央及地方县级以

---

① 《党政领导干部选拔任用工作条例》（中发〔2014〕3 号）。

上党委、人大常委会、政府、政协、纪委、法院、检察院及其工作部门或内设机构的领导成员。

二、干部选拔

干部选拔是中国特色社会主义干部人事制度的重要组成内容，是党的十七大、十八大提出的"提高选人用人公信度"的着力点和十八届三中全会提出的"构建有效管用、简便易行的选人用人机制"的抓手。干部选拔是指按干部管理权限和相关程序规定把符合条件的干部挑选出来的过程。干部选拔工作事关干部人事制度改革、政治体制改革和国家发展的大局，承担着为党和国家各项事业和任务的完成提供优质的人力资源的艰巨职责。

干部选拔任用是经常与干部选拔混为一谈的概念，代表干部从选拔到任用的全过程。但严格说，干部选拔和任用是两个不同的过程，选拔是运用有效的手段将合适的干部挑选出来的过程，任用指的是经过挑选的干部采用什么形式担任领导职务的过程。干部任用的形式主要有两种：委任制和选任制。委任制是指采用委任的方法委派干部担任领导职务的选拔方式，是目前我国使用最普遍的干部任用形式，也是我国干部选拔制度的基础。选任制是指按照有关法律、章程的规定，通过民主选举方式确定任用对象的一种干部任用形式。2014年新修订的《干部任用条例》将聘任制也作为任用形式确定下来，聘任制是指通过签订聘任合同的方式确定人员关系的任用方式。因此，本研究所涉及的干部选拔仅指运用一定的手段和程序将干部挑选出来的过程。

三、竞争性选拔

竞争性选拔是党委（党组）及其组织（人事）部门按照公开的标准、规则和程序，组织人选自愿报名或推荐报名，并由人选在选拔过程中直接进行竞争，差额产生拟任人选和候选人选的选拔方式。通常来讲，竞争性选拔一般包含五个要件：一是干部本人能够主动参与竞争，是竞争性选拔区别于常规选拔的重要因素。干部在常规选拔中是被动接受党委（党组）及其组织（人事）部门的挑选和比较，没有直接作为主体主动参与竞争，而在竞争性选拔工作中，干部通过主动报名、同台竞争等方式成为竞争主体。二是公开的竞争平台。竞争性选拔一方面打破了身份、地域等限制，参与竞争性选拔的人员在公开的条件下获得一视同仁的对待和均等机会；另一方面，竞争性选拔为领导干部能力素质的比较提供了公开的平台，各项程序环节向社会公开，增强了选拔工作的透明度，提高了选人用人的公信度。三是公平的竞争规则。竞争性选拔的规则需事先制定并公布，不能随意更改，从而保证了竞争性选拔过程与结果的公平有效。四是公正的竞争评判。竞争性选拔依据统一的评判标准对参与竞争的领导干部的主要能力素质进行评判，保证结果的公正性和可接受性。五是将考试测评作为必要环节。与在常规选拔中发挥的辅助功能不同，考试测评作为竞争性选拔的必要环节，必须发挥批量检测、细致鉴别、遴选淘汰的功能，对竞争性选拔的结果具有重要影响。这五个要件对于界定竞争性选拔缺一不可。

竞争性选拔是干部人事制度改革的重要着力点和突破口，是最能体现"公开、民主、竞争、择优"方针的改革举措。竞争性选拔的优势主要在五方面。

第一，选人用人视野更宽。竞争性选拔能够更大限度地打破身份、地域、资历等限制，能够吸纳组织视野外的人才进入干部队伍中来。

第二，过程的民主化程度更高。竞争性选拔坚持以扩大干部选拔工作民主化为目标，努力构建开放式的选拔机制，充分落实群众的四权：通过多渠道向社会及时发布相关信息，落实群众的知情权；通过完善民主推荐、民主测评等已有制度，让知情人投票，落实群众的参与权；通过差额推荐、差额考察，为比较择优提供条件，落实群众的选择权；通过推行阳光操作、全程监督，落实群众的监督权。从问卷调查的结果看，该题的均值为 3.94，说明竞争性选拔的民主化程度在广大干部群众中的认可度较高，有超过 70% 的调查对象认为竞争性选拔的民主化程度较高，如图 2-1 所示。

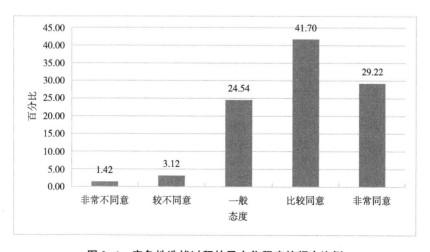

图 2-1 竞争性选拔过程的民主化程度的频次比例

第三，竞争择优的功能更突出。竞争性选拔以领导干部本人作为竞争主体直接参与竞争，领导干部之间的竞争贯穿资格审查、考试、考核、考察等环节，能够在比较中达到优中选适。问卷显示，该题的均值为3.99，有超过73%的调查对象认为竞争性选拔的竞争择优功能比较突出。

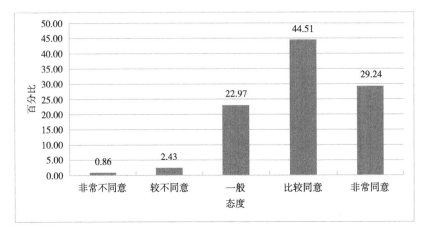

图2-2 竞争性选拔的竞争择优功能突出的频次比例

第四，识人察人的方法更丰富。竞争性选拔应用考试测评的方法技术，能够利用先进科学的技术手段准确衡量、评价领导干部的素质能力，同时通过方法技术的组合运用，可以相互印证测评结果，使识人察人的准确性得到保证。

第五，开放性、透明度体现得更充分。竞争性选拔最大的好处在于公开，有效提高了竞争性选拔的开放性和透明度，有利于监督的开展，有效防止了选人用人上的不正之风。竞争性选拔能够以更宽的视野、更高的境界、更大的气魄把品质好、品行优、作风实、能力强的优秀人才及时发现并合理使用，真正做到好中选优、优中选适。随着干部人事制度改革的不断深入和地方实践的不断扩展，竞争性选拔的方式也不断推陈出新。

四、常规选拔

常规选拔是相对竞争性选拔而言的，具体是指干部任免机关依据一定的程序和规定，采用指定的方式选出拟任人选和候选人选的选拔方式。根据《干部任用条例》中的规定，常规选拔的程序包括动议、民主推荐、考察、讨论决定和任职等环节，主要用于选拔党政机关工作人员。常规选拔工作开展时间较长，积累了很多经验，常规选拔的优势有三点。

第一，制度更完善，适应范围更广，程序更成熟稳定。《干部任用条例》是干部选拔的制度性文件，其中对常规选拔的适用范围、程序等规定较为翔实、规范、严谨。问卷调查的结果显示有近60%的调查对象认可常规选拔的优势，如图2-3所示。

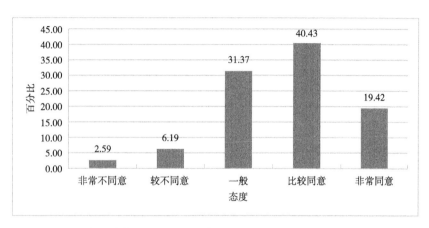

图2-3　常规选拔制度完善、适应范围广、程序成熟稳定的频次比例

第二，有利于综合考察干部，顺利实现组织意图。常规选拔的程序能够切实保证党管干部原则的落实，能够顺利地将组织视野内符合职位要求的人选选拔出来。

第三，权力的集中有利于统一指挥和政令畅通，且简单易行、周期短、效率高、成本低。问卷显示，有超过一半的调查对象认同这个观点。如图2-4所示。

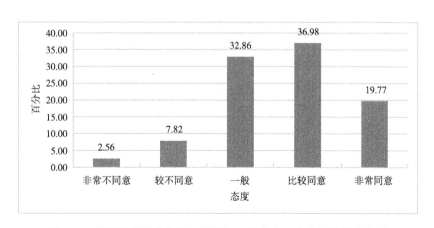

图2-4　常规选拔简单易行、周期短、效率高、成本低的频次比例

五、竞争性选拔的关系与常规选拔

干部选拔作为中国特色社会主义干部人事制度的重要组成部分，是干部人事制度改革的重点和难点。常规选拔与竞争性选拔同为重要的干部选拔方式，二者不可相互替代。常规选拔和竞争性选拔的目的都是为了选拔党和国家事业发展所需的优秀干部，遵循同样的指导原则和用人标准。常规选拔是比较成熟稳定的选拔方式，能够更简便实用地将群众认可度高、实际工作能力强的干部选拔出来，是维护和巩固党的执政地位的有效手段。因此，在现阶段常规选拔是不可替代的，干部选拔仍要以常规选拔为主。相对常规选拔而言，竞争性选拔在以下几个方面有着独特的优势：在理念上，竞争性选拔更具导向性。竞争性选拔更能体现民主、公开、竞争、择优的方针，更能对干部的行为产生引导作用，指引其注重工作实绩、能力和群众认可。在方式上，竞争性选拔更具多样性。除此之外，竞争性选拔的技术手段也更加灵活，笔试内容完整、面试方法多样、测评技术手段丰富。在过程上，竞争性选拔更具公平性。竞争性选拔体现了程序（过程）公平和结果公平的统一，接受度和认可度较高。在结果上，竞争性选拔更具公认性。科学合理的程序设计和公平公正的实施过程，保证了通过竞争性选拔脱颖而出的干部能够普遍得到广大干部群众的认可。然而，竞争性选拔仍然存在诸如成本高、周期长，选拔上来的干部不适应新岗位，人岗匹配度不高，异地任职的干部的政治品质以及道德品行难以准确考察等问题。因此，在现阶段，竞争性选拔只是常规选拔的有益补充。调查结果显示，有超过 62% 的调查对象认同现阶段竞争性选拔是常规选拔的补充，如图 2-5 所示。

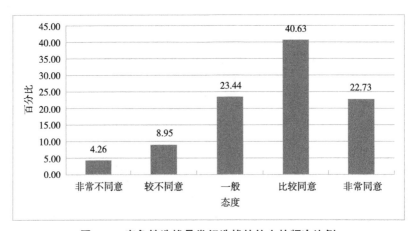

图 2-5 竞争性选拔是常规选拔的补充的频次比例

竞争性选拔方式与传统选拔方式不是对立的，更不是相互冲突、相互排斥的，而是相互补充、有机统一的（孙明，2014）。竞争性选拔与常规选拔在方法技术、程序设计等方面不断完善的同时也相互借鉴。例如，竞争性选拔在不断吸收常规选拔在成本控制、考察准确等优点，而常规选拔也开始运用竞争性选拔的手段与方法技术提高自身的科学性。

从方差分析的结果看，年龄在常规选拔的优势方面（M3）有显著差异。如表 2-1 所示。

表 2-1 以年龄为因子的单因素方差分析

		平方和	df	均方	F	显著性
M1	组间	10.537	7	1.505	2.220	0.031
	组内	423.080	624	0.678	—	—
	总数	433.617	631	—	—	—
M2	组间	3.316	7	0.474	0.936	0.478
	组内	338.244	668	0.506	—	—
	总数	341.560	675	—	—	—
M3	组间	12.066	7	1.724	2.807	0.007
	组内	399.759	651	0.614	—	—
	总数	411.825	658	—	—	—
M4	组间	4.640	7	0.663	1.286	0.254
	组内	342.609	665	0.515	—	—
	总数	347.249	672	—	—	—

为了更直观地展示这种差异，本书进一步分析了不同年龄段对常规选拔优势的态度，结果如图 2-6 所示。

从图 2-6 可以看出，随着年龄的增加，调查对象对常规选拔优势的认可程度逐步提高，因为年龄较大的干部都是通过常规选拔方式提拔的，对其更为熟悉，认可度也更高。

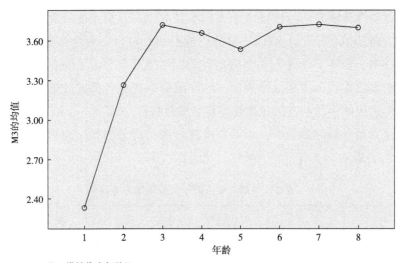

注：横轴代表年龄组。
1组：26岁以下，2组：26~30岁，3组：31~35岁，4组：36~40岁，
5组：41~45岁，6组：46~50岁，7组：51~55岁，8组：56岁以上。

图2-6　不同年龄对常规选拔优势态度的差异

六、考试、考核、考察

竞争性选拔工作中的考试除了笔试和面试之外，还包括其他人才测评的方法技术。本书讨论的考试指以笔试和面试为主、其他测评方式为辅的选拔手段。在竞争性选拔工作中，考试的主要功能是检验考生是否具备拟任职位所需的能力。

考核的概念有狭义和广义之分。广义的考核包括考察，而狭义的考核是指对领导班子和领导干部履行职位职责的过程（工作表现）与结果（业绩）进行评价的过程。本书中的考核是指狭义的考核，尤其是对工作实绩的考核。考核在竞争性选拔中的功能主要是评价干部在过去所任职位上的表现和业绩，根据其任职经历业绩预测对拟任职位的胜任程度。

竞争性选拔中的考察是指任职考察。任职考察是通过评价拟提拔人选的能力素质与岗位的要求是否匹配，目的在于考察人岗匹配度及有无重大问题。考察的重点有两个方面，一是对德的考察。这是选拔干部时考虑的首要因素；二是人与岗位匹配的考察，要加强对考察人选的实绩分析和履历分析，从考察的角度再次印证人岗匹配性。

考试、考核、考察是竞争性选拔的核心流程和决定选拔结果的重要依据，三者是相互联系、相辅相成的。作为竞争性选拔干部的技术手段，考试能够运用多样化的方法测试领导干部的能力；作为竞争性选拔的前提，领导干部的实绩考核结果只有达到一定要求的，才有资格参加竞争性选拔，只有在现任职位上干得好才有资格获得提拔；作为竞争性选拔的核心环节，考察是在考试和考核的基础上，对考察人选进行的全方位、多角度的评价，尤其聚焦于"德"和人岗匹配度两个方面。从全面评价领导干部德、能、勤、绩、廉的角度说，考试能够运用多样化的方法与手段精确测试领导干部的"能"；考核能够准确反映领导干部的"勤"和"绩"；考察能够有效检验领导干部的"德"和"廉"。因此，只有将三者有机结合起来，综合运用三者的结果，组织部门才能够全面掌握领导干部的各方面表现，从而为选拔出优秀的、适合岗位要求的干部提供基础和依据。

第二节　理论基础

一、职位分析

职位分析，有时也被称为工作分析，是通过一定的方法技术了解组织内具体职位的工作性质、内容和职责的过程，也是明确担任某一职位的人，需要拥有哪些知识、技能、教育水平等问题的过程。职位分析回答了某一职位"做什么"和"由什么人来做"的人力资源管理的基本问题。通过系统的职位分析，可以制作职位说明书，将某一具体职位的职位描述和职位规范详细呈现出来。在职位说明书的职位描述部分，主要是对职位的任务、职责等内容的细化，包括职位标识、职位职责、业绩标准、工作环境等，职位规范则以任职资格为主。

职位分析是人力资源管理活动的基石，在竞争性选拔工作中亦然。一方面，只有通过系统的职位分析，才能够在发布职位公告时将任职资格描述清楚。任职资格是指切实履行职位职责所需要的教育背景、知识、技能等要素。任职资格条件的设定既会影响竞争性选拔参与者的数量，也会左右参与者的质量。没有经过系统严谨的职位分析得出的任职资格条件，过高或过低都会影响竞争性选拔有效性的发挥。另一方面，只有通过职位分析，才能够确定考试测评的内容与方法。由于选拔职位不同，对党政领导干部的能力要求自然有所区别。只有通过科学规范的职位分析，才能明确考试测评所要测量的能力和素质，进而才能确定使用哪种测评手段对相关能力和素质进行准确衡量。因此，在竞争性选拔工作中，必须重视职位分析工作。

二、胜任特征

戴维·麦克利兰被普遍认为是真正意义上开创了胜任特征在理论与实践领域广泛应用的先驱。20 世纪 50 年代，麦克利兰应邀为美国选拔外交官设计一套有效预测工作绩效的选拔手段。由于传统的基于智力测验的选拔手段，对预测工作绩效的结果并不理想，因此，麦克利兰另辟蹊径，通过对绩效结果优秀与一般的外交官的具体行为特征的比较分析，找到了能够真正区分工作业绩的因素。他认为，除智力以外，认知、个人特质等潜在因素才是决定绩效差异的根源。这些决定绩效优异和普通的潜在因素被称作胜任特征。将基于职位建立起来的所有胜任特征分类组合在一起，就形成了胜任特征模型。为了更直观地表现胜任特征的含义，1973 年，麦克利兰在《美国心理专家》发表的《测量素质而非智力》中设计了胜任特征的冰山模型，将知识、技能等容易被观察到的、浮在水面以上的冰山称为显性的胜任特征，而像社会角色、自我概念等不易被发掘，处于水底的冰山称为隐性的胜任特征，认为隐性特征比较稳定，不易改变。

在竞争性选拔工作中，构建胜任特征模型非常重要。首先，由于隐性特征是决定绩效的关键，但不容易通过培训开发等手段改变，因此，在建立胜任特征的基础上，通过竞争性选拔将满足职位要求的特质和动机的干部选拔出来，既可以保证其未来的绩效水平，又可以减少日后培训的支出；其次，由于考试测评方法测量的能力是不同的，因此，在竞争性选拔工作中引入胜任特征模型，还能够根据不同层级岗位要求的胜任特征，有针对性地选择考试测评方法技术，保证测量胜任特征的准确性；再次，在开展竞争性选拔时，还可以根据具体的胜任特征设置考试测评的题目，尤其在笔试和面试的题目设置上，能够有效考察应试者是否具备岗位所要求的胜任特征，提高选拔的准确性和科学性。

三、人才测评

人才测评是人类随着自身的发展和社会对人才需求标准的变化而产生的一种人才鉴别、评价方法和技术，是根据一定目的，综合运用定性和定量相结合的科学方法，对测评对象进行客观、准确评价的一种社会活动。人才测评在融合了多学科理论成果的基础上，通过准确衡量人的个性、能力、潜力等要素，为组织的人力资源管理决策提供富有价值的参考信息。

人才测评发展到如今，国内外的学者和管理实践者已经开发了大量的方法工具，在包括企业、政府在内的各类组织的人才选拔工作中广泛运用。归纳起来，人才测评的方法技术可以分为人格测验、能力测验、面试和评价中心技术等四种类型。其中，人格测验主要测量的是人的情绪状态、人际关系、动机、兴趣、态度等特性，包括霍兰德的职业人格理论、卡特尔的16种人格因素测验、DISC人格测验、梅耶–布里斯人格测验、"大五"人格模型，NEO个性问卷、爱德华个人偏好量表、中国人个性测量表，等等；能力测验主要测量人的潜力，即在将来的学习或工作中可能达到的成功程度，是融合了智力测验和特殊能力测验等多方面能力发展起来的。目前较为流行的能力测验方法包括韦克斯勒成人智力测验、瑞文推理测验、一般能力倾向测验、鉴别能力倾向测验、创造力测验，明尼苏达行政能力测验，等等；面试是人力资源管理领域中应用较为普遍的测评方法，是通过面试者与被面试者面对面沟通交流的方式，了解被面试者的个人特征、素质能力、求职动机等方面情况的测评手段；评价中心技术是一种综合性的人才测评方法，通过多名评价者对测试对象在特定测评情境下表现出的行为作出评价。常用的评价中心技术有公文筐测验、无领导小组讨论、角色扮演、案例分析、演讲、管理游戏，等等。

人才测评也是在一定的理论基础之上发展起来的。人才测评的理论基础主要有个体差异理论和人岗匹配理论。

（一）个体差异理论

个体差异是指人与人在素质上存在差别的客观性质（张进辅，2006）。素质是个体在遗传、环境与个体主观能动性等因素交互作用下形成的整体品质。这些差异性体现在个体素质结构、表现程度和效能上。个体差异理论认为，个体差异是指人与人在个性特征上存在的差异，这种差异在性别和外貌上显而易见、最为显性，而心理上的差异则不易被发现。心理上的差异包括心理倾向和心理特征两种，前者包括动机、兴趣等要素，后者则指能力、性格等。由于个体差异的客观存在，通过有效的考试测评技术将个体差异测量出来才成为可能，进而可以对不同的人采用差异化和有针对性的管理，提高管理的有效性。

（二）人岗匹配理论

人岗匹配是指员工的个人属性与其所从事岗位的属性之间的一致性程度（李朋波，2014）。人岗匹配包括两个方面：一是要求与能力的匹配，即岗位对人的知识、技能等方面的要求与员工所拥有的相匹配；二是需求与供给的匹配，指员工从岗位获得的各种回报与自身需求相否匹配。人岗匹配是人与组织匹配中非常重要的内容。有大量研究证明了人岗匹配与诸如工作满意度、组织承诺、离职意向等变量显著相关。克里斯托夫等（Kristof et al., 2005）的研究表明，人岗匹配和员工的满意度、组织承诺以及离职意向的相关程度很高；卡雷斯（Carless, 2005）则证明了人岗匹配对员工的工作态度有着显著的影响；维尔纳（Wiener, 1982）认为，较高的需求与供给的匹配程度会使员工更认同组织，从而带来较高的组织承诺。

要求与能力匹配度高的员工能够很好地完成工作，工作压力较小，工作满意度高，离职意愿很低。而要求与能力匹配度低的员工则由于自身难以胜任岗位要求，很难高效地完成工作，会产生较大的心理压力，从而会降低其工作满意度。此外，需求与供给匹配度高的员工由于从工作中得到的物质、精神回报，能够较好地符合自己的需要，从而拥有较高的组织承诺。

因此，对于员工来讲，人岗匹配程度越高，能够从工作中获得的成就感和满意度就越高，对组织的认可程度和承诺水平也越高，离职意向越低。对组织讲亦然。因此，通过有效的人才测评方法技术，实现人岗匹配，是实现组织和员工双赢的重要手段。

四、公平理论

公平理论是亚当斯（Adams）于1965年提出的一种典型的过程性激励理论，其核心思想是员工通过为组织付出而获得回报，但当组织给予的回报与员工期望出现不匹配时，就会给员工带来不公平感和紧张情绪，为了缓解这种不良情绪，员工就会通过改变行为消除不公平感。亚当斯将公平进一步细化为分配公平和程序公平。分配公平是从结果的角度感知公平程度，包括获得的薪酬、认可等；过程公平则是从过程的角度感知公平程度，包括各项规章制度在制定和执行过程中是否公平合理等。在竞争性选拔语境下，主要涉及的是程序公平。

随着理论研究的不断深入和管理实践的不断发展，学者们在亚当斯公平理论的基础上做了进一步发展。彼斯和摩格（Bies and Moag, 1986）在研究中提出了互动公平的概念，他们发现管理者与员工交往的方式会对其公平感产生一定的作用，包括是否以平等身份、礼貌地与员工交流等。格林博格（Greenberg，1993）等将互动公平分为人际公平和信息公平两种类型。人际公平描述的是在人际互动中，上级对下级个人的尊重程度，而信息公平则是指在上级作出决策时，要让员工了解足够的信息，保障信息对称，尤其是在作出对员工有消极影响的决策时，更要做好沟通解释工作，以免由于员工不了解相关信息产生不公平的想法。

因此，在开展竞争性选拔工作时，一方面要在程序设计时体现公平、公正、公开的原则，保障竞争性选拔工作的程序公平；另一方面要通过建立沟通机制，做好对入围考察但未上岗的干部的解释工作，打消其疑虑，以免造成由于信息不对称、没有告知其落选原因，而对竞争性选拔工作产生怀疑或不信任等不正确的认识，影响该项工作的开展。

第三节　文献综述

截至 2016 年 1 月，以"竞争性选拔"为关键词和篇名的文献分别有 387 篇和 184 篇，时间跨度从 2000 年到 2015 年。党的十七届四中全会首次提出竞争性选拔的概念，与此相对应，学术界对竞争性选拔工作的研究从 2009 年开始呈现上涨趋势，从 2008 年的 1 篇上升到 2009 年的 15 篇。这种上涨趋势一直持续到 2012 年。2013 年，习近平在全国组织工作会议上对竞争性选拔的论述，标志着该项工作进入调整完善阶段，而学术界对竞争性选拔的研究也相应减少，从 2012 年的 88 篇逐年递减到 2015 年的 25 篇。由此可以看出，学术界对竞争性选拔工作的研究是与其在实践领域的发展状况紧密相关的。以"公开选拔"为关键词和篇名的文献分别有 1 527 篇和 542 篇，而以"竞争上岗"为关键词和篇名的文献分别有 2 497 篇和 842 篇，时间跨度从 20 世纪 80 年代到 2015 年。这是由于公开选拔和竞争上岗作为竞争性选拔的两种主要方式，其概念的产生和实践的发展早于竞争性选拔，因此，学术界对这两种选拔方式的研究在数量上超过对竞争性选拔本身的研究，而且时间也早得多。但是，对于公开选拔和竞争上岗的文献虽然数量庞大，但大多从实践的角度出发，理论意义和学术价值不大。此外，除了研究公推公选的文献数量较多以外，对其他竞争性选拔方式的研究少之又少。归纳起来，目前学术界对竞争性选拔工作的研究可以分为关于竞争性选拔工作整体的、针对某一具体选拔方式的，以介绍某地具体经验做法的研究综述三大类。

一、关于竞争性选拔工作整体的研究综述

以竞争性选拔工作整体为研究对象的文献，还可以进一步细分为对竞争性选拔概念、内涵、意义等方面的研究和存在的问题、解决对策方面的研究。

（一）对竞争性选拔概念、内涵等方面的研究

王奇（2010）从价值取向、竞争标准、竞争程序、竞争形式和竞争方法五个方面，概括了党政领导干部竞争性选拔工作的内涵，并在此基础上总结出党政领导干部竞争性选拔的基本理念：机会均等、知情原则、好中选优、考试与考察结合、差额票决和用权为民。

胡宗仁（2009）将推荐、选举和考试视为竞争性选拔的核心要素，三种要素相融合形成了竞争性选拔的混合型的制度形态。此外，作者认为选拔是竞争性选拔的逻辑起点，各种制度的设计都紧紧围绕选拔展开，目前我国现行的竞争性选拔是融入了公开、竞争等因素而形成的选拔，赋予了选拔新时代背景下新的内涵。最后，作者将民主化和科学化作为竞争性选拔的内在逻辑，分析了影响竞争性选拔效用发挥的因素。

徐彬（2013）从干部个体化的角度对竞争性选拔进行了分析。他认为，干部个体化竞争性选拔刺激了干部的自主性，增强了干部自愿参加竞争的主观能动性，促进了选拔任用干部的公平、公正、公开。

山东行政学院课题组（2013）通过问卷调查的形式对党政领导干部竞争性选拔工作的相关情况进行了细致研究。问卷结果显示，广大干部群众对竞争性选拔的程序、结果满意度较高，但仍然存在一定的问题，尤其是在深化改革的大背景下，竞争性选拔工作也到了改革的"深水区"。因此，要进一步改革与完善党政领导干部竞争性选拔工作，必须坚持民主化方向、竞争性原则、好中选优，以及竞争性选拔工作的制度化和常态化。

梁玉萍、张敏（2011）将公务员选拔方式分为入门性选拔、交流性选拔和竞争性选拔。多元化的选拔方式不仅体现了平等参与的原则，也体现了通过竞争获得激励的观念，同时也促进了公务员队伍的优化。为了进一步发挥多元化选拔方式的作用，要从与公务员职业化管理相结合，增强选拔的公正性，健全公务员选拔的法律法规，以及提高组织人事部门管理水平四个方面予以完善。

　　很多学者对竞争性选拔方式进行了划分，田改伟（2014）从推进国家治理体系和治理能力现代化、深化政治体制改革的高度，提出了改进与完善竞争性选拔工作的重大意义，并细致归纳了当前公开选拔的主要做法。他认为，目前各地各部门探索出了五种公开选拔干部的方法，分别是一推双考、联考公选、公推公选、任职资格考试与分类有限公选、分类公选。中共四川省委组织部课题组（2012）认为，只要是有竞争的选拔方式都属于广义上的竞争性选拔，而狭义的竞争性选拔是指在明确的资格条件要求下，由多名竞争者公开竞争特定职位的选拔方式。随后，作者提出在开展党政领导干部竞争性选拔工作时，要处理好试点探索与整体谋划，党管干部与扩大民主，过程公正与结果公认，严格程序与提高效率四对关系，并在此基础上从指导原则、统筹规划、考评方法、配套机制四个方面，着手完善党政领导干部竞争性选拔工作。郝玉明（2014）界定了竞争性选拔干部方式，简单比较了五种主要的竞争性选拔方式，并从适用范围的角度对改进竞争性选拔干部方式提出了建议。他认为，竞争性选拔干部方式是干部人事制度改革的内容，以"民主"和"科学"为基本属性。

　　在竞争性选拔发挥的功能上，龚永爱（2011）在系统回顾了竞争性选拔近30年实践探索的基础上，在用人导向、用人视野、群众信任、遏制不正之风、激励干部等方面，肯定了竞争性选拔的成效和作用，并从制度建设、提高质量、加大选拔力度和加强监督等方面，提出了竞争性选拔创新发展的实施路径。胡宗仁（2009）将党政领导干部竞争性选拔工作的功能，概括为选拔功能、规范功能、导向功能和整合功能，但由于当前竞争性选拔工作中的制度问题、程序问题、执行问题和衔接问题普遍存在，阻碍了其功能的发挥。因此，作者认为要从竞争性选拔的制度、程序、执行和衔接四个方面，着手破解竞争性选拔工作中的障碍问题。

　　在常规选拔与竞争性选拔的比较方面，张春福（2012）首先在选拔方式的质量、干部个体质量、评价主体视角等方面，将竞争性选拔与传统委任制进行了对比，通过问卷调查得到的数据显示，对竞争性选拔在上述方面均有较高的评价。随后，作者对竞争性选拔的内涵进行了深入分析。他认为，广义上的竞争性选拔就是选拔职位存在两个以上的人选，传统的委任制也属于竞争性选拔；狭义的竞争性选拔包括公开选拔、竞争上岗等目前公认的选拔方式。中共四川省委组织部课题组（2012）将竞争性选拔与常规选拔进行比较后发现，竞争性选拔在工作取向、用人视野、选拔方式、操作过程和实施效果方面有着独特的优势和特点。孙明（2012）运用问卷调查的方式对竞争性选拔和传统选拔方式进行了对比，得出了以下结论：在范围上，竞争性选拔视野更宽，能在更大范围内调配资源；在程序上，竞争性选拔更能促进公开平等的竞争；在导向上，竞争性选拔更能选出综合素质较高的干部；在结果上，竞争性选拔选出的干部人岗匹配度更高；从效应看，竞争性选拔的选人用人公信度更高。

一些学者利用其他领域的理论对竞争性选拔进行了分析，为我们提供了从其他角度理解竞争性选拔的视角。任利成等（2011）在总结前人研究的基础上，提出当前关于竞争性选拔研究都是基于对制度本身的分析，而忽略了对竞争性选拔参与者的研究。因此，作者以社会网络为视角对企事业单位竞争性选拔参与者的人际关系影响因素进行了分析。作者认为，社会网络是指竞争性选拔参与者基于个人的社会关系，通过信息交流的方式获得综合竞争力的资源流通渠道。随后，作者又对社会网络的结构、维度等内容进行了系统阐述，揭示了竞争性选拔中社会网络的发展脉络和规律。

王文成（2014）运用新制度经济学中的交易成本理论，对影响竞争性选拔效率的因素进行了归纳与总结。他认为，选拔主体在公共与自利方面的冲突、有限理性、行为的内部性与竞争性以及委托代理问题都会对竞争性选拔的效率产生重要影响。因此，要妥善解决竞争性选拔工作中上述因素的问题，就必须从竞争性选拔的理念、制度和运行机制等多角度着手。

谢吉晨（2015）从政治生态学的理论视角对竞争性选拔工作进行了分析，系统描述了包括人民民主原则、人民代表大会制度、行政首长负责制和后备干部制度在内的，影响竞争性选拔工作的政治生态环境因素，并详细阐述了其面临的政治生态困境及其破解路径。

麻宝斌、仇赟（2012）运用制度变迁理论，对党政领导干部竞争性选拔制度变迁的动因、特点和路径选择进行了深入剖析。作者强调，未来党政领导干部竞争性选拔工作要注意防范制度失效，扩大制度收益，保证公正、公开、公平、公正以及发挥制度优势。

（二）对竞争性选拔存在的问题及对策方面的研究

从问题与对策的研究看，学者们对问题的分类与描述不尽相同，对策建议不一而足，但基本上都是围绕思想认识、资格条件、考试测评和后续管理等方面展开的。

张捷（2013）运用问卷调查的方式对竞争性选拔工作在江苏的开展情况

进行了调查，并归纳了竞争性选拔工作存在的七个方面的问题，分别是思想认识、资格条件设定、考试测评、民主推荐、组织考察、程序设计和事后评价。梁俊杰（2011）将党政领导干部竞争性选拔工作的特点归纳为门槛低、阳光操作、晋升速度快、方法简便四点，并指出当前竞争性选拔工作存在的问题主要在于：以"分"取人和以"绩"取人的认识不统一，考试与考察未有效结合，程序设置与优化操作不协调，竞争性选拔的公信度与选拔质量衔接不紧密等方面，并针对上述问题提出了相应的改进措施。刘学民（2015）将研究视角聚焦于市县一级的竞争性选拔工作中的考试测评方面，按照问题—原因—对策的思路对相关问题进行了深入研究。作者归纳了任职资格条件设置不科学，测评工具针对性欠佳，考试测评方法技术单一，考试测评队伍建设乏力等问题，并深入分析了造成上述问题的原因。最后，作者结合实际提出了完善市县一级竞争性选拔工作中考试测评问题的对策建议。

龚建桥等（2012）认为，竞争性选拔目前在制度供给、技术支撑、公开程度和监督力度上还不够完善，因此，要从完善制度体系、处理好竞争性选拔与委任制的关系、提高考试测评科学化水平、制定约束性规范、信息公开、差额票决、强化后续管理七个方面入手完善竞争性选拔。

唐晓阳（2013）将党政领导干部竞争性选拔工作存在的问题概括为随意性大、公正性差和科学性低，并将原因归结为思想认识不到位，法律法规不健全，组织领导不得力。作者认为，完善党政领导干部竞争性选拔工作，除了要在思想认识、法律法规和组织领导方面加大工作力度之外，还要在资格条件、命题质量、测评方法和考官队伍建设方面有所突破。

姜泽洵等（2011）将当前党政领导干部竞争性选拔工作中存在的问题归纳为工作导向、方法技术和制度机制三大类，并提出要从建设开放的组织系统，营造公平的竞争环境、运用先进的考评手段，建立常态的制度体系四个方面破解竞争性选拔工作中存在的难点问题。

郑海兵、齐咏梅（2014）认为，要从明确职能定位、确定适用标准、抓好评价和跟踪管理等重点环节，完善监督机制，构建制度体系方面入手，以更好地改进与完善党政领导干部竞争性选拔工作。刘少华（2012）从顶层设计、具体操作办法、基础性环节、工作评估四个角度对改进与完善竞争性选拔工作提出了对策，着重分析了明确竞争性选拔的适用范围、完善制度体系、增强考试测评科学性等问题。他认为，做好事后的评估工作对完善竞争性选拔工作非常重要，要从机制的完善性、方法的适用性、结果的准确性等方面，对竞争性选拔工作的实施情况进行评估，将每个方面的考核指标细化，邀请第三方独立评估，增强竞争性选拔评估工作的准确性和客观性。

田改伟（2014）结合竞争性选拔方面存在的问题，从规范制度、提高考试测评和"德"的考核科学性、坚持党管干部、降低成本等几个方面，提出了改进与完善措施。兰大贤（2013）从合理确定选拔比例、科学设置岗位条件、优化考评方式、坚持公开透明以及注重后续管理五个方面对完善竞争性选拔工作提出了合理化建议。南京市党建研究所课题组（2012）在全面评价党政领导干部竞争性选拔工作取得的实践成果的基础上，客观剖析了竞争性选拔存在的问题与矛盾，并提出要从树立正确理念、明确适用范围、科学设计程序、建立风险防控机制和明确职位标准等角度入手，切实增强党政领导干部竞争性选拔工作的科学性。兰大贤（2013）从适度提高竞争性选拔干部比例，进一步扩大竞争性选拔的视野，规范竞争性选拔方式，优化竞争性选拔的考试测评方法技术以及强化后续管理五个方面提出了改革与完善党政领导干部竞争性选拔工作的建议。牛安生（2014）提出要从秉持科学理念、推广试点经验、完善公开选拔制度、规范民主推荐程序、配套相关制度等方面推进与完善党政领导干部竞争性选拔工作。赵建平（2014）认为在新时期新形势下，要以党管干部为原则，以扩大民主为取向，以人岗相适、选贤任能为目标，将竞争性选拔工作的落脚点放在合理确定竞争性选拔的职位和范围、科学设置资格条件、完善考试测评方法以及推进竞争性选拔程序规范化上。

（三）对竞争性选拔工作中具体问题的研究

这类研究将焦点放在竞争性选拔工作中的某一具体环节或问题上，从细节处着手实现提高该项工作科学化水平的目的。

杨海军、凌文轻、袁登华（2011）着重探讨了如何有效改善考试和考察环节，从而有效提高竞争性选拔的公平性、有效性和可操作性。作者提出，一方面要树立正确导向，要以"干得好就考得好"和"考得好就干得好"为目标开展工作；另一方面要加大对考试、考察方法技术的研究力度，从而提高考试测评的有效性。

孙明（2014）认为，目前党政领导干部竞争性选拔工作出现的"凡提必竞""唯分取人""会考不会干"等问题，根源在于没有准确把握竞争性选拔的科学定位。要改进与完善党政领导干部竞争性选拔工作，必须先从思想认识上找准定位，既要看到竞争性选拔用人方向的原则性，也要看到在实际工作中出现的偏差；既要看到竞争性选拔适合的职位，也要看到有些职位不适合进行竞争性选拔；除此之外，也要客观认识竞争性选拔在评判标准的整体性和差异性，竞争平台的开放性和失衡性，遴选程序的互补性和烦琐性，识别功能的有效性和局限性等问题上存在的矛盾。

赵建平（2014）对如何将干部德的考核与竞争性选拔全流程相结合给出了富有实效的建议。他指出，在党政领导干部竞争性选拔工作中，要始终贯穿德的考核，具体说，要在设置资格条件时强调对干部德的要求，在资格审查时突出对干部德的检视，在测评环节重点测试干部德的表现，在考察环节深入了解干部德的实际情况。在讨论决定环节把好干部德的关口，在任职环节巩固对干部德的考核成果。

王文成、张信昌（2015）将党政领导干部竞争性选拔工作中的考试测评方面存在的问题概况为社会效应负面化、内容方式同质化、误差难控性。作者认为，要破解考试测评方面的诸多难题，切实增强考试测评的针对性、科学性、全面性和公信力，要从分级分类命题，优化测评程序，注重方法组合，加强队伍建设四个方面着手。

陈哲娟（2012）系统梳理了履历业绩评价方法的发展历程、特点和作用，对如何将履历业绩评价运用在党政领导干部竞争性选拔工作中进行了详细阐述。首先，要建立履历业绩评价的指标体系，主要包括任职经历、教育培训经历、专业经历、履历业绩以及奖励情况等；其次，要采集相关信息，注意信息的准确度和真实性；最后，邀请专家科学实施评价。

为了深入研究笔试、面试和考察三个核心环节在党政领导干部竞争性选拔工作中的权重分配问题，杨海军等（2011）在进行问卷调查的基础上，运用层次分析方法确定了各要素的重要程度，从而确定三个环节所占权重。通过细致运算，作者认为笔试、面试和考察在党政领导干部竞争性选拔工作中所占权重应该为 0.265 9、0.352 6、0.381 5。

王文成（2014）以政治学中的契约理论剖析了竞争性选拔工作中考试的信用问题。作者以制度契约、心理契约和社会契约为框架，解构了竞争性选拔工作中考试信用的本质和功能，在此基础上提出了强化考试信用契约的措施，从政治学视角为竞争性选拔工作的科学化和规范化做出了探索。

山西省委组织部课题组（2015）将研究重点放在党政领导干部竞争性选拔工作中，备受瞩目的"高分低能"问题。作者认为，造成"高分低能"的原因主要在于资格条件设置不合理，考试测评不科学，考评队伍建设不到位，后续管理不足等方面。因此，要做好职位分析工作，规范程序环节，提高考试测评的科学性，加强跟踪管理等工作。

二、针对某一具体选拔方式的研究综述

各地各部门探索出了很多竞争性选拔方式，但从目前学术界的研究看，仍然以公开选拔为主。

梁丽芝、韦朝毅（2010）系统梳理了公开选拔的四个发展阶段，并对每个阶段的标志性事件、法律法规、实践创新和阶段特点进行了总结和提炼。在此基础上，作者从体制、核心价值、绩效、运行机制等方面，对公开选拔未来的发展路径进行了预测和展望，最后提出公开选拔是影响干部人事制度改革、经济社会发展和社会和谐的重要因素。

蓝志勇、魏明（2013）将公开选拔制度的发展历史分为试验探索、逐步完善和发展创新三个阶段，详细介绍了每个阶段的历史背景、法律法规、实践探索和主要特点等内容，并整理汇总了各地各部门极富特色的做法。在此基础上，作者指出未来的公开选拔制度仍将在解决现有问题的同时持续发展。

李木洲（2011）对有关公开选拔的文献进行了系统梳理，总结出了目前研究公开选拔文献的特点。他将公开选拔分为狭义和广义两种。狭义的公开选拔即公开选拔方式本身；广义的公开选拔则包括一切含有公开要素的选拔制度。他认为，目前对狭义的公开选拔制度的研究较多，对广义的研究较少；对公开选拔技术和应试层面的研究较多，对制度本身研究的较少；研究的视角较窄，方法较单一。

梁丽芝、莫俊（2012）运用管理学理论中的 SWOT 分析工具对影响公开选拔的要素进行了分类。作者认为，核心价值鲜明、制度日趋完善和选拔方式层出不穷是公开选拔的优势（S），范围限制、选拔体系不成熟、不透明及监督不够、机制不完善是公开选拔的劣势（W），国家倡导、发展潜力和理论指导是公开选拔的机会（O），观念陈旧、利益相关者的博弈、功利主义、并行制度契合度差以及成本高是公开选拔的问题（T）。

宁本荣（2011）将笔试作为公开选拔的重要环节和技术手段，认为笔试的有效性和科学性将直接影响公开选拔工作的质量，因此，要将笔试作为改善公开选拔工作的重点予以突出。作者指出，要加强对笔试的理论研究、建立专业化的专家团队，建立分类规范的阅卷制度，提供精细化的试卷分析报告，深化笔试结果的进一步应用。

很多学者对公开选拔工作中存在的问题进行了细致研究。郭庆松（2010）在系统描述了公开选拔领导干部的现状后，归纳总结了当前公开选拔存在的问题。他将公开选拔工作中存在的问题划分为认识、基础、程序、考试方法、跟踪培养和配套制度六个方面，并针对存在的问题逐一提出了解决对策，为公开选拔工作的有序开展奠定了基础。李木洲（2011）将公开选拔面临的困境按照内部系统和外部系统细分为 10 个，其中，内部系统面临的困境包括职位分析、考试方式、选举方式、公开选拔范围和推荐方式五个方面；外部系统面临的困境包括选拔成本、法律法规、功利主义、并行制度和跟踪评价五个方面。龙秀雄（2013）将公开选拔工作中存在的问题归纳为思想认识、资格准入与职位设置、笔试、面试、考察和后续管理六个方面，并分别针对每个方面提出了具有针对性的改进措施。李章泽（2009）将公开选拔工作存在的问题归纳为职位范围缺乏约束、适用情形缺乏刚性规定、群众参与不足、测评标准尚未完善。李连华、王桂胜（2015）将我国目前公开选拔工作存在的问题概括为认识不到位、准备不足、程序不严谨、方式方法失效和配套措施不完善五类。作者主张在公开选拔的评价环节引入模糊综合评价法，以此作为提高公开选拔工作科学化水平的重要举措。张成（2007）以公开选拔为研究对象，对其存在的问题、原因以及对策进行了深入研究。他认为，目前公开选拔工作中存在制度体系不完善，权力配置不合理，考察失真失实和考试不够科学规范，而造成这些问题的原因主要是受传统思想影响，法制不完备、职位分类不科学等。因此，要从构建制度体系，完善运行机制，强化过程监督，改进考试等方面对公开选拔进行改革与完善。

梁丽芝、韦朝毅（2010）将公开选拔工作的发展历程划分为突出导向阶段、突出实际效果阶段、突出公信力阶段和突出创新阶段，并对每个阶段的法律法规和代表性事件进行了系统梳理。此外，作者还归纳了公开选拔存在的四个问题，分别是职位确定与资格准入、考试测评的方法技术、信息公开与监督、运行保障与后续管理。

张子云（2010）从历史根源和干部人事制度改革的角度，论述了公开选拔诞生和发展的必然，并将领导干部公开选拔制度的特点归纳为公正、公开、竞争、科学。作者认为，公开选拔制度为干部工作注入了新元素，开辟了新模式，带来了新气象，因此，要从理念、思路、机制等方面不断创新完善，才能使公开选拔发挥更大作用。

萧鸣政（2011）系统阐述了公开选拔的概念、制度化基础、发展历程及其在实践领域的发展，从理论上对公开选拔进行了分析与论证，在实践上对公开选拔存在的问题进行了细致剖析，并在竞聘者、评价主体、评价标准、测评方法技术、选拔结果以及选拔的公信力六个方面，提出了完善公开选拔的若干建议。

梁丽芝（2013）将关注点聚焦于公开选拔制度的绩效评价上。她指出，公开选拔已经开展多年，但对其实施以来的具体效果还鲜有涉及。她认为，对公开选拔制度的绩效评价可以从静态绩效和动态绩效，政治绩效、经济绩效、文化绩效和社会绩效等角度进行，其最终目的是为了推动公开选拔制度的创新和发展，平衡利益主体之间的关系，提高该项工作的绩效水平。

胡赣江（2014）将我国领导干部公开选拔制度的内在属性归纳为公正性、公开性、公平性、科学性和竞争性。他认为，目前公开选拔工作存在的问题主要包括理性认识不足、技术手段单一、制度衔接不畅。要妥善解决上述问题，必须从同酬制度建设出发，理顺竞争性选拔与常规选拔、考试与考察、有效竞争与有限竞争、一次选拔与综合开发四对关系。

陆晓光、朱东华（2015）基于胜任特征模型分析了公开选拔工作中存在的问题，在系统回顾了关于胜任特征的文献后，提出了以胜任特征为核心的公开选拔模型。模型的核心在于要从职位基本条件和胜任特征两个角度进行人职匹配，并综合分析了相关的测评方法技术，建立了基于胜任特征的测评方法选择模型。

梁丽芝、莫俊（2014）将公开选拔蕴含的价值理念归纳为：民主、公开、公平、公正，引领着公开选拔在实践中不断优化。此外，作者提出要在理念实现过程中，从伦理、制度和技术三条路径对公开选拔予以完善，从而实现价值理念在现实工具的支撑下，相互融合促进，为公开选拔制度的不断发展提供动力的目的。

陆晓光、朱东华（2015）在深入分析当前公开选拔工作中职位分析的重要性与不足的基础上，提出要从职位基本属性、工作内容和胜任特征模型三个方面，做好公开选拔的职位分析工作。由于目前构建胜任特征模型采用的行为事件访谈法费时费力，作者又提出了基于案例推理的构建胜任特征模型的方法。

杨兴坤（2012）运用实证研究方法对当前领导干部竞争上岗工作的成绩、问题及对策进行了深入研究。问卷调查结果显示，目前竞争上岗存在资格条件设置不合理、民主测评走过场、工作方案不完善、考试测评手段不科学等，要从干部分级分类、规范选拔程序、做好前期准备、完善考试测评方法、健全监督机制等方面，对上述问题予以解决。

李俊斌，陈跃（2015）认为，作为党内基层选举制度的创新举措，公推直选取得了显著的成效，但仍然存在不正确的认识、合法性危机和制度不健全等问题。要完善公推直选工作，必须从完善配套法律法规，营造良好氛围，坚持领导干部选拔任用的基本原则着手。

三、以介绍某地具体经验做法的研究综述

熊晖（2011）从陕西省宜君县党政领导干部竞争性选拔工作的经验出发，提出了要从推进竞争性选拔工作常态化、规范竞争性选拔工作程序、增强公开程度和监督力度、全程差额等四个方面，改进与完善党政领导干部竞争性选拔工作。

陈乃霞、马建勇（2011）系统总结了陕西省咸阳市在开展党政领导干部竞争性选拔工作中的经验做法，认为竞争性选拔工作的扎实推进为咸阳市经济社会的发展提供了坚实保障。咸阳市的主要做法包括坚持党在竞争性选拔工作中的主导地位，将"干什么考什么"作为竞争性选拔的指导思想，从选拔职位的实际出发合理划定选拔范围，将实绩和民意作为准入条件加以强调并做到全过程向社会公开。

何龙群（2010）详细回顾了广西从1998年开始的公开选拔厅级领导干部的发展历程，对历次公开选拔的整体情况、具体程序和环节、主要特点等方面进行了全面介绍。作者认为，广西公开选拔厅级领导干部的主要经验在于：坚持正确的选人标准，党管干部与群众公认相辅相成，考试考察相结合，全流程监督四个方面。

凌云（2011）列举了近年来合肥市竞争性选拔工作探索出的公开选拔、公推竞职和公开比选三种选拔方式，详细分析了每种选拔方式的适用情形、程序和优势，指出了目前竞争性选拔方式中存在的问题，并在此基础上结合实际提出了完善竞争性选拔工作的若干建议。

毛军权、李明（2014）运用问卷调查的方式调查了上海市竞争性选拔工作开展情况。作者认为，上海市的竞争性选拔工作在逐步推行，覆盖面逐年扩大，程序日趋规范，模式方法不断创新，竞争性选拔的综合效用不断凸显。

四、研究现状总结

在系统梳理了国内在竞争性选拔领域内的文献后，可以发现目前的研究中有两方面的问题。

第一，在竞争性选拔的基本概念和方式上，还缺乏深入研究。综观国内目前的研究成果，对竞争性选拔究竟"是什么"的研究凤毛麟角，很多研究回避了界定竞争性选拔概念的基本问题，还有些学者从历史发展或程序特点的角度进行模糊定义。有些学者把竞争性选拔简称为"公选"，还有些学者认为只要存在竞争就是竞争性选拔，一些学者将竞争性选拔简单等同于公开选拔和竞争上岗，还有些学者把直接选举、差额选举归入竞争性选拔的范围。上述问题反映了目前学术研究在竞争性选拔基本概念上的缺失和不足，一方面造成该项工作在实践中存在一些误区，另一方面也影响其科学化水平的提升和效用的发挥。

第二，国内学者在竞争性选拔工作研究的深度和广度上存在不足。虽然有很多学者对竞争性选拔的意义、问题、对策进行了探讨，但仍然不够全面系统，没有触及竞争性选拔的核心问题。从目前的文献看，对界定适用范围、开发考试测评方法技术、加强后续管理等方面的研究仍然不够深入；对如何规范选拔方式和程序设计，目前竞争性选拔工作在各地开展存在一定的随意性问题；如何完善考试、考核、考察，以及促进三者有机结合，实现提高竞争性选拔有效性的问题；如何加强专家队伍建设以提高竞争性选拔科学化水平等核心问题还较少涉及，需要进一步深入研究。

第三章　党政领导干部竞争性选拔的
历史沿革与贡献

　　竞争性选拔是干部选拔工作在新时期新背景下应运而生的，具有鲜明的时代特色和烙印，是干部人事制度改革发展到特定阶段的产物。作为干部选拔的重要组成部分，竞争性选拔是在干部选拔不断改革和变化中发展起来的。因此，系统回顾干部选拔工作的历史轨迹，探寻干部选拔的发展规律，对深入挖掘竞争性选拔产生的根源和特点，预测竞争性选拔工作的未来发展方向，具有十分重要的指导意义。

第一节　干部选拔工作的历史沿革

　　干部选拔工作在中国共产党发展的各个历史时期都被打上了鲜明的时代烙印。建党初期，党的各项工作尚处于初创期，在干部选拔方面只有零星的规定，对干部选拔工作尚缺乏全局性的思考。抗日战争和解放战争时期，出于形势发展的需要，党对干部数量和质量的要求越来越高。在这个时期，中国共产党初步确立了党管干部的原则、任人唯贤的干部路线，以及才德兼备的干部选拔标准，出台了一系列与干部选拔相关的制度办法，为干部选拔工作的规范化、制度化奠定了基础，也为抗战胜利和解放战争的胜利提供了坚实的组织保障。新中国成立以后，百废待举，百业待兴，党的工作重心转向社会主义改造和建设，正式确立了党管干部的基本原则，建立了分部分级的干部管理体制，并制定了"又红又专"的选拔任用干部的标准，干部选拔工作逐步走向规范化的道路。十年"文革"时期，各项业已成型的制度遭到严重破坏，干部工作受到剧烈冲击，中断了干部选拔工作规范化、科学化的进程。改革开放初期，党和国家的各项事业恢复重建，工作重心从阶级斗争转移到社会主义现代化建设上来。为了适应工作重心的转变，党提出了干部队伍的革命化、年轻化、知识化、专业化的"四化"方针，并废除了干部领导职务终身制。全面建设中国特色社会主义和全面建设小康社会时期，随着干部人事制度改革步伐的不断加快，干部选拔工作的开展也持续深入。这个时期，干部选拔工作继续坚持"德才兼备、以德为先"，延续了新中国建立以来始终如一的用人标准；大力推行竞争性选拔干部方式，为干部选拔工作的丰富与完善注入了新的活力；先后颁布了多项条例、规定和办法，切实提升了干部选拔工作的制度化、规范化、科学化和民主化水平。

本书从管理权限、选拔标准、选拔方式和选拔手段四个方面，对党在每个历史时期的干部选拔工作进行了深入剖析。管理权限指的是中央和地方各级党委管理干部的职权范围和责任范围[①]。管理权限与干部选拔是密切联系在一起的，管理的主体也就是选拔的主体（邸乘光，2013）。选拔标准指的是选拔什么样的干部，这是干部选拔的核心，因为选拔标准反映的是一定时期内的用人导向。选拔标准与党所处的发展阶段和历史时期是紧密相关的，虽然有一脉相承的内容，但也极富时代特点，是与时俱进的。选拔方式指的是如何选出拟任人选和候选人选的过程，一般分为常规选拔和竞争性选拔。选拔手段指的是运用什么样的方法对干部进行评价，判断其是否具备相应的素质和能力。一般而言，干部选拔手段包括考试、考核和考察。

一、建党初期到土地革命战争时期（1921—1937 年）

1921 年，全国党代表汇聚上海召开了第一次全国代表大会，标志着中国共产党开始登上历史舞台，领导人民开始了艰苦卓绝的斗争。从建党伊始到土地革命战争时期，党的各项工作处于探索和试验阶段，受当时复杂形势的影响以及自身遭受的"左"倾错误的左右，党在干部管理上走了很多弯路。建党初期，由于各级党组织还不健全，干部队伍还未形成规模，党对干部的选拔任用工作主要体现在对党组织领导人的产生和管理上（陈凤楼，2012）。

（一）管理权限

由于当时中国共产党刚刚成立，干部数量有限，管理机制还没有切实建立起来，因此，管理权限都掌握在中央和各级党委手中，没有明确的级别和范围的划分。这种统一而又集中的管理体制是与当时所处的斗争环境相适应的，能够根据形势需要最大限度地保证党组织对各级干部的及时调整。

---

① 南方网讯. 什么是干部管理权限？［EB/OL］.（2002-11-06）［2019-11-10］. http://www. southcn. com/news/gdnews/hotspot/gbrytl/gbrytlzjdp/200211060764. htm

（二）选拔标准

这个时期，党的主要任务是在革命斗争的过程中不断壮大队伍，对有志入党的青年提出了明确的标准，而对于干部选拔的标准，直到 20 世纪 30 年代才开始形成。"左"倾机会主义政治路线在当时占据主导地位，并错误地将大革命失败的原因归结于领导中工人太少、知识分子太多。他们认为，作为一个工人阶级的政党，其主体应该由工人阶级构成。在这样的误判下，吸收党员和选拔干部的标准受到了很大冲击，存在重出身、轻能力的情况，很多未经受过考验和锻炼的工人被吸收进党内，并被提拔到领导职位上。由于这些人缺乏领导能力和斗争经验，党各项工作的开展受到一定的影响。为了改变这一局面，毛泽东在 1937 年明确提出了党的干部要"懂得马克思主义列宁主义，有政治远见，有工作能力，富于牺牲精神，能独立解决问题，在困难中不动摇，忠心耿耿地为民族、为阶级、为党而工作"[①]。这个标准的提出，为中央和地方选拔干部提供了依据，为选人用人工作指明了方向，为大批革命骨干的脱颖而出奠定了基础。

（三）选拔方式

建党初期在党组织领导人的选拔上，一直秉持民主的原则，在干部选任上力求尽量代表大多数人的意愿（李民，2011）。党组织领导人的产生方法有指定、推举、互推、公推、选举多种形式（王璋，2007）。总的说，建党初期的干部选拔采用的是常规选拔方式。对于地方党组织领导人的选拔，主要采用推举的方式，而中央一级的党组织领导人则通过选举产生。这一阶段选拔党组织领导人，都是以民主选举的方式产生，为日后党在干部选拔方面的民主化奠定了基础。

（四）选拔手段

由于党组织刚成立不久，干部管理方面的制度体系还不健全，尤其在如何全面了解和评价干部方面的选拔手段还很欠缺，没有摸索出有效的方法，主要精力更多地集中在对有意向入党者和新入党者的考察上。比如，有意向入党者要接受所在地党委的考察，新党员要在委任岗位上接受考察，等等。

建党初期到土地革命战争时期，由于党还处在相对弱小的阶段，加之国内形势较为复杂，在干部选拔方面欠缺经验，并没有形成规范化和系统化的干部选拔制度，特别是在确定选拔标准上走了弯路，加之缺乏有效的选拔手

① 毛泽东.毛泽东选集：第 1 卷［M］.北京：人民出版社，1991：227.

段，在一定程度上影响了干部选拔工作的开展。

二、抗日战争和解放战争时期（1937—1949年）

抗日战争和解放战争时期是中国新民主主义革命过程中重要的时期，尤其对党的建设与发展产生了深远的影响。在全民族抗战和国共内战的10余年间，在风云变幻的国外局势和纷繁复杂的国内形势下，中国共产党充分锻炼和考验了干部队伍，使其成为抗战胜利和全国解放重要的组织保障。

（一）管理权限

抗日战争时期，为了适应战争形势的需要和干部调配的实际，1937年，党正式建立了统一的干部管理机构，将干部的考察、征调、审查等工作正式交由组织部具体负责，明确了中央及各级党委组织部的职责和地位。各级组织部通过对干部的管理，尤其是通过干部选拔任用工作，实现党对干部工作的绝对领导，从而保证党的各项方针政策的顺利推行。在这一阶段，党管干部原则正式确立。

在管理权限方面，党中央所在的陕甘宁边区采用的是双重管理模式，在地方任职的干部同时接受上级和同级党委双重领导；一般的干部同时接受上级和本级人事部门的双重领导；各部门的干部同时接受上级业务部门和本级政府的双重管理。

（二）选拔标准

抗日战争时期，随着敌后抗日根据地和游击区的不断发展，干部缺口越来越大，而由于之前"左"倾错误思想的影响，党内对选拔干部的标准还不统一，对干部的使用也存在诸多顾虑，严重制约了干部队伍的发展，党的干部工作也难以满足抗战的需要，对抗日敌后工作也带来了不良影响。用人路线和用人标准的重新确立是当时亟待解决的重要问题，事关干部队伍建设的成败和抗日战争能否胜利的大局。党的六届六中全会上，毛泽东在深刻总结历史经验教训和深入剖析国内时局的基础上，摒弃了张国焘的"任人唯亲"路线，确立了"任人唯贤"的干部路线，为干部队伍建设重新走上正轨奠定了基础，为选拔干部标准的确立指明了方向。在此基础上，毛泽东进一步提出了"才德兼备"的选拔标准。需要特别指出的是，虽然在语序上"才"在"德"之前，但并不是强调"才"比"德"重要，而是要二者兼顾。此后，"才德兼备"的选拔标准在党内正式确立下来，并得到广泛认可。1940年，陈云重申了干部选拔的标准。他认为，政治和能力是用干部的两大标准，二者缺一不可，但要以政治为主。既不能顾才不顾德，也不能顾德不顾才，必须坚持德才并重（陈凤楼，2012）。1943年，周恩来再次强调在选拔干部时，要从政治标准与干部的工作能力两方面入手，而首要标准是政治标准（陈凤楼，2012）。刘少奇在党的七大上从革命热情、与群众的密切联系、识别方向、纪律性等方面，对选拔干部的标准进行了系统论述（陈凤楼，2012），既注重政治素质，又强调工作能力，再次体现了这一阶段"才德兼备"的选拔标准。

（三）选拔方式

抗日战争时期，党选拔干部的方式主要依靠常规选拔。一般情况下，各级政府及其部门的主要领导是通过选举产生的，其他干部则是由主要领导直接任命产生的。具体而言，当时干部选拔主要有两种方式：第一，党委根据情况直接委派干部担任领导职务。在当时特殊的战争环境下，干部由于牺牲或其他因素，流动性很大，往往来不及选举，只能采用直接委派的方式选拔干部。此外，在有些新建立的根据地中，由于刚刚成立，还不具备选举的条件，也只能采取这种方式。第二，通过各部门党员的活动，使党委派的干部顺利获得提名并在选举中当选。由于当时陕甘宁边区政府实行的是"三三制"，即边区政府机关干部的构成是共产党员、左派进步分子和中间派各占1/3，为了保证党在机关中的领导地位，必须由党选择的干部获得领导权。

（四）选拔手段

这个阶段，选拔手段主要是自上而下与自下而上相结合的考察。在这个时期，毛泽东意识到干部的德才表现不是一时一事表现出来的，而要从历史的、全局的角度进行识别。过去考察干部的方式主要是自上而下，上级通过干部本人的现实表现、工作报告考察。但这种单一方向的考察对干部的认识不够全面，因此，刘少奇同志指出要通过自下而上的方式考察和评价干部，要到干部工作的地方，在与其打交道的群众中去考察，才能得到更加准确和真实的信息。将自上而下和自下而上二者相结合来识别和选拔干部，才能真正做到考察工作的系统全面、准确客观。

这一时期的干部选拔工作较建党初期和土地革命战争时期而言，已经有了长足的进步，初步形成了较为系统的选拔制度和工作体系，尤其是建立了统一的干部管理机构，确立了党管干部原则，进一步明确了干部选拔标准，以及规定了自上而下和自下而上相结合的考察手段等举措，标志着干部选拔工作朝着科学化、系统化方向迈出了坚实的步伐，为抗日战争和解放战争的胜利奠定了坚实基础。

三、新中国成立和社会主义建设初期（1949—1966 年）

新中国的成立，开辟了历史的新纪元，我国开始由新民主主义社会向社会主义社会转变。党的角色和工作任务也随之发生变化，由领导人民夺取政权的党转变为执政党，由带领人民武装革命转向国家建设。新中国成立伊始，党就带领人民开始恢复生产、振兴经济，而各级党组织在经受了大规模战争的洗礼后，存在大量干部缺口；此外，工作重心从战争转向建设，对干部的要求也发生了本质变化。在这样的大背景下，新中国成立初期的干部选拔工作面临着巨大挑战。1956 年，随着三大改造的基本完成，我国正式进入社会主义建设时期，如何将懂管理、懂建设的干部选拔出来，是干部选拔工作亟待解决的一大难题。

（一）管理权限

新中国建立初期，干部管理权限仍然继承了之前的"一揽子计划"，即由中央及地方各级党委组织部门统一管理。随着形势的不断发展，党和国家的工作重心已经发生了改变，各项事业也在整体推进，组织机构不断增多，干部数量日益增加，专业化程度显著提高，战争时期使用的干部管理办法已经难以适应干部队伍建设的需要。特别是随着干部专业化程度的不断提高，各级组织部门由于不了解专业情况，与干部所在单位取得密切联系也不切实际，因而难以全面准确地了解干部的工作实际，更无法深入考察其政治表现、工作能力、工作业绩等情况，导致包括干部选拔工作在内的干部管理工作难以有效开展。为了更好地了解考察干部的德才表现，提高干部选拔工作的有效性，党中央于 1953 年发出《关于加强干部管理工作的决定》，推行全新的分部、分级的干部管理体制。

分部管理的核心就是将干部按专业职能重新进行分类，然后由各部具体履行干部管理职能，从而增强干部管理工作的有效性和针对性。中央将所有干部分为军队干部、政法干部等在内的九大类。分级管理，重点在于按照职权层级重新划分管理权限，在中央和地方建立分工协作的干部管理体系，当时设定的管理权限是下管两级。1955 年，中共中央颁发的《中共中央管理的干部职务名称表》中，将担任国家各部门重要职务的干部根据职级列出了职务名称，统一由中央管理，其余干部则由各部门、各级党委分别管理。

（二）选拔标准

新中国成立以后，继续沿用抗战时期的"才德兼备"的选拔干部标准，并结合当时的时代特点和工作任务，提出了干部专业化的问题。新中国建立后，党和国家的工作重心从夺取政权转向巩固政权，从战争转向建设，从农村转向城市，需要大量政治立场坚定，对党忠诚的干部；同时，各行各业的恢复与建设也如火如荼地展开，需要大量精通各类专业的人才。因此，干部专业化也成为选拔干部的重要标准。1953年，党中央明确指出要在选拔干部的过程中，坚持政治品质（德）和业务能力（才）相结合的原则，同时要反对诸如"重才轻德"、任人唯亲等选人、用人的不正之风。

到了社会主义建设时期，三大改造的完成标志着我国进入社会主义初级阶段。由于这个阶段的主要任务是大力解放和发展生产力，集中力量搞好经济建设，选拔干部的标准也得到进一步明确。过去在战争中锤炼出的干部很多都走上了领导岗位，但这些干部在经济、管理等方面存在缺陷。而一些担任领导职务的知识分子虽然懂技术、能管理，但在政治觉悟方面还有所欠缺。针对这个情况，毛泽东在1958年召开的党内会议上，提出了领导干部"又红又专"的标准，即政治和业务的统一（陈凤楼，2012）。"红"强调政治立场和政治觉悟，"专"则侧重工作能力与技术。

（三）选拔方式

新中国成立和社会主义建设时期的干部选拔方式，基本沿用了抗日战争和解放战争时期的模式，仍然以常规选拔为主，延续了通过指派、委派、选举等手段，产生拟任人选和候选人选的方式。在这一时期，初步形成了比较规范的选任制、任期制等有关制度（中共重庆市委党校课题组，2014）。

（四）选拔手段

这个阶段干部选拔的手段是干部鉴定制度，即考察。由于新中国的成立和社会主义改造的需要，干部队伍不断扩大，干部人数也迅速增加，加之新政权刚建立不久，仍有一些敌对势力的存在。同时，由于党和国家工作重心的转变，对干部能力素质的要求也发生了变化。上述各种原因造成了干部工作中存在的问题非常复杂，对干部考察提出了更高、更严格的要求，考察工作的难度和重要程度增加。因此，党通过建立鉴定制度实现考察干部的目的。1949年，中央组织部在《关于干部鉴定工作的规定》中明确提出，为了让干部更好地总结自己并改进工作，同时也便于党能够全面、客观地了解每一个干部，进而为选拔干部提供参考，要对每名干部在一定时期内的各方面表现进行总结与回顾（陈凤楼，2012）。干部鉴定的内容主要是政治立场、工作作风、联系群众、学习态度等，方法包括自我检讨、群众讨论和领导审查三个方面，通过对干部表现的系统分析研究，得出最终的鉴定结论。对于新干部而言，干部鉴定的主要目的在于辨别敌我和提高其政治素养。干部鉴定制度的确立在识人、察人方面发挥了积极作用，不仅净化了干部队伍，也督促各级干部不断自我反省并提高，同时还为干部选拔工作提供了参考和依据，为新中国建设和社会主义改造各项任务的完成提供了坚实的组织保障。

制度建立初期，一般每年年终实施一次鉴定工作。但由于当时实行的是下管两级的管理体制，管理部门需要鉴定的干部人数较多，而干部鉴定工作又需要耗费大量的精力，每年年终实施一次干部鉴定变得十分困难。1956 年，中央取消了一年鉴定一次的做法，将干部鉴定的时间调整为干部提拔或调动时。

这个阶段的干部选拔工作最有成效的探索，是建立了一直沿用至今的分部、分级的干部管理制度。这项制度是针对当时特殊时代背景下造就的一揽子管理方式的重大变革，改变了过去过于僵化的管理体制，初步建立起以职级和类别为基础的干部管理方式，为党和国家经济建设奠定坚实的人才基础发挥了重大作用，同时，也让党的组织部门与其他工作部门相互协调配合，共同管理干部工作，为党和国家选拔了大批符合要求的干部，为完成社会主义改造提供了强有力的保证。分部、分级的干部管理制度一直沿用至今，成为干部管理工作的基础性制度，为后来的干部人事制度改革做了充足准备。

四、"文革"时期（1966—1976 年）

由于党内"左"倾错误的蔓延，最终导致"文革"的爆发。10 年的严重内乱，给党和国家的各项工作造成毁灭性的灾难，特别是干部选拔工作。"文革"时期，"革命委员会"取代了各级党组织成为党政机关和企事业单位的权力机构行使职权，"造反派"掌控了许多地方和部门，干部选拔工作也成为派系斗争的牺牲品。干部选拔标准被扭曲为"突出政治"，唯成分论，极端宗派主义（中共重庆市委党校课题组，2014），造成大批无能的"造反派"骨干进入各级各类领导部门，而政治可靠、工作能力强的领导干部被驱逐，甚至受到迫害。这个时期的干部选拔工作和干部管理体制被严重破坏，使干部队伍建设以及党和国家的各项工作在很长一段时间内停滞不前。

五、改革开放初期（1978—1989 年）

1978 年，召开党的十一届三中全会，被认为是党和国家历史上具有里程碑意义的一次会议，不仅重新确立了正确的思想路线，也拉开了社会主义现代化建设和改革开放的序幕。至此，党和国家工作重心又重新转移到经济建设上来。但由于 10 年"文革"对干部队伍的破坏，现有干部队伍在政治思想、能力素质、年龄等方面，已经难以适应现代化建设的需要。尤其是随着经济体制改革和政治体制改革的持续深入，对干部选拔工作提出了新的要求。因此，这个阶段干部选拔工作的重心在于调整与经济体制改革不相适应的管理体制，继续完善已有制度体系，从而更好地为社会主义现代化建设服务。

（一）管理权限

在开创社会主义现代化建设新局面的大背景下，经济体制和政治体制的改革有序开展。改革开放以后，在经济体制朝着市场化、开放化的方向迈进的同时，作为政治体制改革的一部分，干部选拔工作也必须要进行改革，过去的集中统一管理体制已经难以适应经济建设发展的需要。当时实行的是下管两级的管理体制，一方面造成上级党委管理的人数太多，既承担了较重的日常工作，又使下级缺乏自主权，丧失积极性。另一方面由于上级不了解具体实际情况，造成干部的管理和使用分开，管人与管事脱节，难以深入了解干部的全面表现，选人用人的准确性和公信度得不到有效保证。因此，在1983 年，中央提出要充分调动和发挥地方的积极性和主动性，在党管干部的原则下，以管少、管好、管活为精神，下放干部管理权限，由下管两级调整为下管一级，减少了管理层次，提高了管理效率，激发了干部队伍的活力与动力，使各项改革举措顺利实施，更好地贯彻落实改革开放的各项任务（陈凤楼，2012）。中央部委内设司局的班子配备由各部委党组负责，各省级部门和地市级领导班子，由各省委自主管理，但任免时需向中央报备。而各省级党委和国家部委党组管理干部的范围，可根据实际情况自行确定，中央不作统一规定。

（二）选拔标准

"文革"期间，由于长期忽视对干部的培养、使用和选拔，对干部工作造成了巨大破坏，严重影响了干部队伍各方面素质的提升。尤其到了改革开放以后，很多干部由于政治上、思想上和专业上无法适应现代化建设的需要，严重影响了党和国家各项改革任务的顺利开展。此外，"文革"结束后，大批老干部沉冤昭雪，重新回到工作岗位上，但身体条件、专业能力方面的差距，使他们也很难顺应时代发展的变化。因此，选拔中青年干部、提高干部队伍整体政治素养和专业能力成为重中之重。针对这个问题，邓小平同志在多次讲话中逐步清晰了干部队伍的"四化"方针，即革命化、年轻化、知识化、专业化。其中，革命化是对政治方面的要求，是其他三项的前提；年轻化是对干部年龄和身体方面的要求；知识化和专业化是对能力素质方面的要求。干部队伍"四化"方针在党的十二大被写入党章，成为干部选拔的重要标准和干部管理制度的重要内容。

（三）选拔方式

在这样的大背景下，干部选拔工作除了持续改进常规选拔之外，在选拔方式上也有所创新，出现了竞争性选拔的萌芽。在常规选拔方面，一方面，更加注重群众在干部选拔工作中的作用和积极性。各地大多实行了在党委领导下的群众推荐与组织考察相结合的方法（陈凤楼，2012），让群众真正参与到干部选拔工作中来，充分尊重群众的意见，既能把群众满意的干部推选出来，又能够落实群众对干部选拔工作的监督职能。另一方面，各地探索将民主推荐、民意测验、民主评议等方式纳入常规选拔中来，增强干部选拔工作的民主化程度，并将结果作为是否留任现职和提拔使用的参考。

在竞争性选拔方面，1980 年，重庆市公用事业局面向全民所有制职工选拔出租车公司的管理人员，拓宽了选拔视野和范围，竞争性选拔作为干部选拔方式在改革开放背景下的创新开始崭露头角。1985 年，宁波面向社会公开选拔局级领导干部，并采用考试测评的手段实现竞争择优，竞争性选拔正式登上历史舞台。随后，全国各地开始将竞争机制引入干部选拔中来，丰富了选人用人的方式，提高了选人用人公信度。竞争性选拔开始与常规选拔一起，成为产生拟任人选和候选人员的选拔方式。

（四）选拔手段

这个时期除了传统的干部鉴定之外，又将干部考核引入干部管理体制中，丰富并充实了选拔手段。由于相关考核制度的缺位，干部队伍中存在赏罚不明、"干多干少一个样"等不良现象，严重影响着干部队伍的风气和工作效率。为了改变这种情况，1979 年，中央组织部下发的《关于实行干部考核制度的意见》中明确提出，要建立健全干部考核制度。在以"德才兼备"为原则的基础上，各地各部门要根据实际情况和具体职位要求的能力和素质，制定出明确具体的考核内容与标准。在考核内容方面，要对干部的德、能、勤、绩四方面情况进行考核，并制定出四方面的具体内容。在考核主体方面，将群众纳入进来，以便全面准确地评价干部。在考核周期方面，要将平时考察和定期考核相结合。定期考核可以根据情况一年或两年考核一次。在结果应用方面，要真正落到实处，做到赏罚分明。对于优秀的干部，要提拔到领导岗位上；对于两次考核都不达标的，要调离现职，甚至要降职使用。为了进一步明确干部考核工作的重点，1983 年，全国组织工作座谈会提出要对领导干部实施年度考核，并将德、能、勤、绩中的绩予以突出，强调要突出考核干部的工作实绩。1988 年《关于试行地方党政领导干部年度工作考核制度的意见》的下发，标志着我国干部考核制度的建立。建立健全干部考核制度是贯彻任人唯贤干部路线的关键举措和落实干部选拔"四化"方针的重要手段，在完善干部管理体制上具有重要意义，不仅有效调动了干部队伍的工作积极性，也切实提高了干部选拔工作的科学化水平。

除此之外，作为"三考"之一的考试也开始作为选拔手段的一种，在评价干部能力素质与人岗匹配度方面发挥作用，但尚未落实到制度层面，也没有在全国大面积铺开。

这个时期的干部选拔工作，在改革浪潮的带动下朝着制度化、规范化的方向迈出了坚实步伐，取得了显著的进步。不光在干部管理权限上进一步下放，为干部选拔工作的开展注入了活力；也在经历十年"文革"之后，重新确立了正确的用人标准——"四化"方针，为干部选拔工作的开展奠定了基础；还在干部选拔方式上有所创新，竞争性选拔开始登上历史舞台，为干部选拔工作的开展指明了方向。但是，以干部选拔为核心的干部人事制度改革尚处于初始阶段，各项制度还不够完善，仍需要持续不断的改革和探索。

六、全面建设中国特色社会主义和全面建设小康社会时期（1989 年以来）

全面建设中国特色社会主义和全面建设小康社会时期，是中华民族实现伟大复兴的关键时期，经济上逐步建立了社会主义市场经济，政治上不断改革以适应经济的发展。这个时期的干部选拔工作的突出特点，是在市场经济的引领下，与选拔相关的制度不断完善与规范。

（一）管理权限

继 1983 年中央下放管理权限，变下管两级为下管一级之后，一直延续至今，在全面建设中国特色社会主义和全面建设小康社会时期也不例外。

（二）选拔标准

这个时期的干部选拔并没有统一标准，而是根据特定时期下的特定任务不断调整选拔标准。在全面建设中国特色社会主义时期，经济建设不断取得新成就，在物质文明不断发展的同时，中央提出要将精神文明纳入干部考核体系中。党的十四届六中全会提出要把精神文明建设的实绩作为选拔任用干部的重要依据（陈凤楼，2012）。在全面建设小康社会时期，我国经济取得大跨步发展，但有些领导干部却出现了道德缺失，甚至骄奢淫逸的现象。针对这个情况，党的十七届四中全会强调了"德才兼备、以德为先"的用人标准，把"德"放在选拔标准的首位，再次重申了正确的用人导向和标准。

（三）选拔方式

由于市场经济对干部管理体制产生了重要影响，这个时期的选拔方式不断丰富，各地各部门加大了党政领导干部竞争性选拔工作的力度，多种多样的竞争性选拔方式不断涌现。据不完全统计，除了公开选拔和竞争上岗在全国范围内大面积开展之外，各地各部门结合实际探索出了一评三考、公推公选、专项竞岗、公推竞岗、两推一评、公推比选、三考三推、公推遴选等竞争性选拔方式，为干部选拔工作注入了新的活力。

（四）选拔手段

伴随着经济体制改革的不断深入，处于上层建筑中核心地位的干部人事制度改革也有序推进。两个干部人事制度改革规划纲要的出台引领着干部选拔工作的开展，考试、考核、考察工作在实践中不断丰富完善。

在考试方面，随着竞争性选拔的不断发展，中组部先后制定了两个暂行规定和考试大纲，对考试内容、形式、方法技术等内容进行了细致规定。全国各地纷纷成立了考试测评中心，在服务竞争性选拔工作的同时，也负责考试测评方法技术的研发和应用。

在考核方面，党和国家先后出台了《国家公务员暂行条例》《党政领导干部考核工作暂行规定》《中华人民共和国公务员法》，"一个意见、三个办法"等制度规范，逐渐形成了目前以"德能勤绩廉"为内容，以平时考核和年度考核为方式的考核体系。

在考察方面，中组部先后颁布了《干部任用条例》、"一个意见、三个办法"，《关于加强对干部德的考核意见》等文件，为这个时期干部选拔的考察工作指明了方向。这个阶段考察工作的重点是对干部"德"以及人岗匹配度的考察，考察方法也在不断丰富。

这个阶段的干部选拔工作以制度化为突出特点，规范化和科学化水平不断提升，选拔方式不断创新，考试、考核、考察工作取得了新进展并开始有机结合，共同为干部选拔工作的开展提供技术支撑。

第二节　党政领导干部竞争性选拔的发展历程

随着改革开放方针的确立，我国的经济体制发生了重大变化，作为上层建筑，政治体制也在不断调整以适应新形势的需要。而后，社会主义市场经济的浪潮汹涌而来，竞争、公平、开放等理念开始渗透到生产、生活的各方面。常规选拔由于缺乏与市场经济相匹配的价值理念，在建立良性竞争机制、民主参与机制等问题上存在一定缺陷，与时代发展的精神出现了一定程度的背离。在这样的背景下，全国各地、各部门开始推行干部人事制度改革，竞争性选拔应运而生，并随着实践探索深入发展。归纳起来，竞争性选拔工作的发展历程分为五个阶段。

一、萌芽探索阶段（1985—1998 年）

1980 年 10 月，重庆市公用事业局面向全市全民所有制职工，公开招募出租汽车公司的高层管理人员和技术人员。由于开展时间较早，此次选拔在程序方面较为简单：报考人员首先凭借所在单位党组织的介绍信报名，然后通过业务考核比选择优，最后对通过业务考核的人进行政治审查，确定候选人选。最终，此次公开招募活动从报考的 216 名人员中，录用了 11 人。重庆市公用事业局的这次选拔活动拓宽了选拔视野，扩大了选拔范围，并引入了一些竞争机制，虽然没有运用较为全面的考试测评手段，但已经初步显现了竞争性选拔的雏形。

竞争性选拔真正发轫于宁波市。1985 年，宁波市委组织部在省委组织部的帮助和支持下，面向社会公开选拔包括计委主任、物价局局长等五个职位。宁波市委组织部通过报纸等媒介公布资格条件，鼓励组织推荐与自荐相结合，并首创在考察评价候选人时，运用笔试和面试等全新的测评手段。宁波市这次选拔被普遍认为是我国党政领导干部竞争性选拔的开端，原因在于基本满足了竞争性选拔的诸多要件，开创了我国竞争性选拔干部工作的先河。随后，各地、各部门开始了公开选拔的探索。

自 1988 年开始，吉林省采用党组织和群众公开推荐，同时结合考试和考察的方式，选拔了 38 名副地厅级领导干部，取得了良好的效果。1992 年，中组部转发了吉林省委组织部《关于采取"一推双考"的方式公开选拔副厅级领导干部情况的报告》，肯定了吉林省采用推荐与笔试面试相结合的做法。1994 年，党的十四届四中全会通过的《中共中央关于加强党的建设几个重大问题的决定》提出对"公开推荐与考试考核相结合选拔领导干部等，要认真研究和总结，使其不断完善"。同年，在公开选拔不断发展的同时，在机构改革和建立公务员制度的大背景下，各地、各部门为了解决领导干部选配和人员分流问题，把以考试为核心的竞争机制引入机关内部，普遍实行竞争上岗，收到良好成效。

1998 年 7 月，中央组织部、国家人事部制定下发了《关于党政机关推行竞争上岗的意见》，对竞争上岗的适用范围、资格条件、程序和方法等问题进行了规定，明确指出竞争上岗的重要环节之一就是考试，而且要突出与选拔职位相关的基本知识和能力。竞争性选拔工作在这个阶段尚处于初创期，各方面还不够成熟，在摸索中不断前进。

二、集中开展阶段（1999—2003 年）

在公开选拔方面，1999 年初，中组部下发的《关于进一步做好公开选拔领导干部工作的通知》中指出："公开选拔领导干部是新时期干部选拔任用方式的一项重要改革。"（中组发〔1999〕3 号）。对公开选拔领导干部的适用范围、基本程序等进行了规范，并明确指出把考试纳入公开选拔的程序中，将其作为保证公开选拔公正性和准确性的关键环节加以突出。2000 年 3 月，中组部印发《全国公开选拔党政领导干部考试大纲（试行）》，对公共科目的笔试和面试的内容、标准等进行了说明。同年 7 月，中央批准下发的《深化干部人事制度改革纲要》（中办发〔2000〕15 号），明确提出要推行公开选拔党政领导干部制度，并明确要求"逐步提高公开选拔的领导干部在新提拔同级干部中的比例"，同时要促进该项工作的规范化和制度化。

为了推进竞争上岗工作的集中开展，中央组织部和人事部在 1999 年联合下发《关于在地方政府机构改革中做好人员定岗分流工作的通知》，要求积极推行竞争上岗。2002 年，中央正式颁布《干部任用条例》，正式确定了公开选拔和竞争上岗的地位，并明确指出在程序中要包含统一考试。在集中开展阶段，各地开始重视竞争性选拔工作，为该项工作的逐步规范奠定了基础。

三、逐步规范阶段（2004—2006 年）

竞争性选拔工作发展到一定阶段以后，必须通过制度性规定加以规范。根据党的十六大精神和《干部任用条例》的要求，中央办公厅于 2004 年正式印发《公开选拔党政领导干部工作暂行规定》和《党政机关竞争上岗暂行规定》。两个暂行规定在总结多年实践经验的基础上，对公开选拔、竞争上岗的各环节和程序提出了较为科学严密、符合实际的要求，为竞争性选拔的常态化、规范化、制度化奠定了坚实基础。与此相配套，中组部正式印发了《党政领导干部公开选拔和竞争上岗考试大纲》，以笔试、面试为核心的考试测评工作步入规范化、制度化的轨道。在这个阶段，竞争性选拔工作在各项规章制度逐步完善的背景下，获得了干部群众的认可。

四、整体推进阶段（2007—2012 年）

党的十七大以后，全国各地掀起了竞争性选拔工作的高潮，在选拔人数、范围、方式创新等方面得到突飞猛进的发展。随着竞争性选拔工作在各地、各部门的整体推进，中办印发的《2010—2020 年深化干部人事制度改革规划纲要》中，要求到 2015 年新提拔的厅局级以下委任制领导干部，通过竞争方式产生的要达到 1/3 以上。

2008—2011 年，河北省通过竞争性选拔方式选拔了 12 939 名领导干部，其中，公开选拔县处级干部 251 名，乡科级干部 1 922 名；竞争上岗选任县处级干部 1 778 名，乡科级干部 8 737 名。

截至 2011 年底，内蒙古自治区通过竞争性选拔方式，选拔领导干部 16 759 人。全区 12 个盟市都开展了竞争性选拔干部工作，覆盖率达到 100%；全区 101 个旗县（市、区）有 90 多个开展了竞争性选拔工作，覆盖率达 90%以上；区直属 91 个厅局级单位有 55 个开展了竞争上岗工作，覆盖率 60%以上。

2010 年，天津市对 344 个局处级职位面向全国和全市进行公开选拔，并将竞争性选拔的领域探索拓展到党务部门，在全国率先对市委组织部副部长、区委常委、组织部长、市纪委厅室主任等党务部门副局级领导干部职位进行公开选拔。2011 年，又将竞争性选拔方式运用于区县换届中，选拔了 7 名区县党委书记和 8 名 35 岁以下的副区县长人选。党的十七大期间，全市通过竞争性选拔提拔任用的局、处、科级干部，分别超过同期提拔同职级干部总数的 40%以上。

2007—2011 年，江苏省通过竞争性方式选拔各级领导干部 58 673 人，其中，公开选拔领导干部 6 248 人，竞争上岗选拔任用领导干部 52 425 人。2011 年，全省通过竞争性选拔产生各级领导干部 12 339 人，占同期提拔干部总数的 31.6%。其中，通过公开选拔产生领导干部 2 030 人，占同期提拔干部总数的 12.1%；通过竞争上岗产生领导干部 10 309 人，占同期提拔干部总数的 46.3%。

2008—2011 年，广东省共提拔委任制领导干部 107 317 人。其中，通过竞争性选拔方式选拔了 22 621 人，占新提拔委任制干部总数的 21.1%。其中，副厅局级 103 人、正处级 952 人、副处级 2 216 人、正科级及以下 19 350 人。

2007 以来，辽宁省组织大规模竞争性选拔 30 余次，共有 120 余名干部通过竞争性选拔方式走上市（县）局领导岗位；320 名干部走上市（县区）处级领导岗位；各级乡镇（街道）中已有 6 成以上副职通过竞争性选拔走上领导岗位。

2008—2011 年，吉林省连续 4 年对省管岗位进行竞争性选拔，其中 2010 年，组织开展的省市县三级联动对 852 个厅、处、科级领导职位公开选拔。党的十七大以来，吉林省通过竞争性选拔方式选拔了 6 531 名领导干部。

从各地实践可以看到，在党的十七大期间，竞争性选拔工作在深度和广度上都得到进一步拓展，在全国范围内大面积铺开。

五、调整完善阶段（2013 年至今）

随着党政领导干部竞争性选拔的蓬勃发展，该项工作在实践中也暴露出许多问题。有些地方过于看重考试成绩，没有有效结合考核、考察的结果，忽视了对领导干部工作实绩在内的"德能勤绩廉"的综合评价，难以准确衡量干部的真实水平和工作能力，容易出现"高分低能"的现象（刘学民，2015）；个别地方竞争性选拔出来的干部素质不高，干部不服气，群众有意见（龚永爱，2011）；还有少数地方盲目追求竞争性选拔干部的比例，大搞"凡提必竞"。这些问题严重影响并制约了选人、用人公信度的提高。

针对上述问题，中共中央组织部立足宏观、着眼微观，于 2013 年出台了《关于完善竞争性选拔干部方式的指导意见》，从开展次数、职位数量、选拔范围等方面对上述问题予以回应，并着重强调各地不可以硬性规定开展的频次和比例。而2014年新修订的《干部任用条例》也对竞争性选拔的适用情形、资格条件设置等内容进行了规范，明确要求要强化能力和素质测试，突出岗位特点和工作实绩。各地、各部门在中央新的指示精神和文件要求下，对竞争性选拔工作进行了调整与完善。同时，各地、各部门以中央巡视组在干部选拔任用方面提出的问题，提出了相应的整改措施。针对巡视组提出的将竞争上岗作为内设机构选拔干部唯一方式的问题，重庆市进一步规范竞争上岗工作程序，规定本单位或本系统符合资格条件人数较多且意见不集中时，才可进行竞争上岗①。关于巡视组反馈的竞争性选拔干部的措施和办法，有待进一步完善和改进的问题，湖北省进一步规范竞争性选拔的范围和资格条件，不硬性规定竞争性选拔比例，不搞"凡提必竞"②。对于选拔副司局级、正处级领导干部均实行竞争上岗，存在简单唯考取人、唯分取人的问题，商务部重新修订了相关制度，强调注重实绩、群众公认和人岗适配，不"凡提必竞""论资排辈"③。这个阶段，竞争性选拔工作在开展范围上逐渐缩小，在选拔干部数量上也在逐步减少。但这并不意味着竞争性选拔的式微，而是从单纯注重数量和规模向提质增效转变，在调整和完善的过程中继续发展。

第三节　党政领导干部竞争性选拔的成就与贡献

经过多年的探索与实践，该项工作已经赢得了广大干部群众的充分肯定和社会各界的广泛赞誉。尤其是党的十七大以来，全国掀起了竞争性选拔干部的热潮，据统计，仅2008—2010年，全国通过公开选拔、竞争上岗方式选拔厅局级以下干部23.4万人，其中地厅级干部910人，县处级干部40 199

---

① 重庆市委关于中央第五巡视组反馈意见整改情况的通报 . https：//www. ccdi. gov. cn/special/zyxszt/2013dyl_ zyxs/zgls_ dyl_ zyxs/201402/t20140225_ 19090. html. http：//cqrbepaper. cqnews. net/cqrb/html/2014-02/21/content_ 1719961. htm.

② 中共湖北省委关于中央巡视反馈意见整改情况的通报［EB/OL］. (2014-02-21) ［2022-03-15］. (2014 - 02 - 22) ［2022 - 03 - 15］. https：//www. hubei. gov. cn/zwgk/hbyw/hbywqb/201402/t20140222_ 490462. shtml. http：//ncxb. cnhubei. com/pad/hbrb/20140222/hbrb2280132. html.

③ 中共商务部党组关于巡视整改情况的通报［EB/OL］. (2014-06-06) ［2022-4-21］. http：//www. mofcom. gov. cn/article/jiguanzx/201406/20140600620526. shtml. http：//www. mofcom. gov. cn/article/jiguanzx/201406/20140600620526. shtml.

人，乡科级干部 185 127 人，其他干部 7 299 人，通过竞争性选拔方式产生的干部约占新提拔干部的 24.1%，全国 31 个省区市全部开展了竞争性选拔工作。虽然竞争性选拔在开展过程中出现了一些问题，在一定程度上制约了自身的发展，但其对干部选拔工作、干部队伍建设，乃至干部人事制度改革均带来了积极影响。

一、拓宽了选人用人视野

竞争性选拔在一定程度上打破了地域、身份、资历等限制（中共四川省委组织部课题组，2012），极大丰富了选人用人的渠道，拓宽了选人用人的视野，为优秀人才脱颖而出创造了机会和条件，也起到了人才的"蓄水池效应"（蓝志勇等，2013）。常规选拔的视野不够宽广，仅靠组织了解掌握的符合岗位需求的人选比较有限。一方面，优秀人才难以进入组织部门和领导干部的视野，选拔人才的范围狭窄（吴妮丽，2006）。另一方面，由于注重论资排辈，抑制了优秀人才脱颖而出（邓献晖，2012）。

竞争性选拔克服了常规选拔选人用人的某些局限。首先，竞争性选拔在一定程度上突破了身份的限制，不论参加者是来自党政机关，还是企事业单位，或人民团体，不论是不是党员，只要符合任职资格条件，都可以参与竞争性选拔，畅通了人才流动的渠道，为不同身份的优秀人才提供了展示才华的平台，为党和国家各项事业的建设提供了优质的人才基础。其次，竞争性选拔打破了地域限制。选拔范围既可以面向本地区、本部门，也可以面向全社会，有些职位甚至是面向海内外。打破了以往只在较小范围内，在组织掌握的干部中选才，拓宽了选人用人的视野，将更大范围内、更多符合岗位要求的优秀人才纳入组织视野中，为好中选优、优中选强提供了保障。最后，竞争性选拔突破了资历和经历的限制。竞争性选拔"讲台阶而不抠台阶，论资历而不唯资历"（江泽民，2006）。通过竞争性选拔，一批年富力强、知识层次高、进取心强的优秀年轻干部走上工作岗位（田改伟，2014），为干部队伍注入了新活力。

总体说，竞争性选拔工作拓宽了选人用人视野，使大批能力强、素质高的干部进入领导干部队伍。问卷调查的结果显示，"比较同意"和"非常同意"竞争性选拔拓宽选人用人视野的调查对象超过了 85%，如图 3-1 所示。

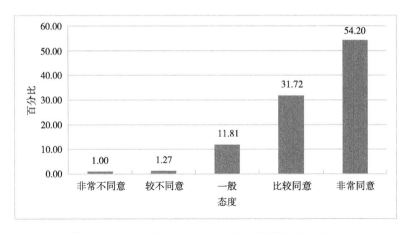

图 3-1 竞争性选拔拓宽了选人用人视野的频次比例

二、提升了选人用人公信度

提高选人用人公信度是完善干部选拔任用机制的重要目标和深化干部人事制度改革的必然要求。选人用人公信度集中体现了广大干部群众对选人用人工作的认可度，对选拔任用的干部的信任度（中央组织部党建研究所课题组，2014）。党的十七大、十七届四中全会和十八大报告中，反复提及要提高选人用人公信度，其重要性不言而喻。

切实提升选人用人公信度，破解当前影响选人用人公信度方面的难题，关键在于扩大和落实干部选拔工作过程中的民主化。竞争性选拔在坚持党管干部的原则下，通过提高选拔全过程的民主化水平，有效提高了选人用人公信度。在竞争性选拔的报名阶段，除了常见的组织推荐以外，还有个人自荐，即在满足职位资格条件要求的前提下，个人有决定是否参加的自主选择权，改变了过去被动推荐、选择的局面，充分体现了民主化程度的提高；在竞争性选拔的面试阶段，有很多地区和部门在增强民主化和提高群众参与度方面做了积极探索和有益尝试，比如，天津、江苏、广东等地在面试环节普遍实行"大评委制"，邀请"两代表一委员"和干部群众代表担任面试考官，现场对面试者的表现进行打分。竞争性选拔不仅构建了广泛的参与机制，提高了干部选拔工作的民主和开放程度，同时也进一步落实了干部群众的知情权和参与权，提高了对该项工作的认可度和信任度，切实提升了选人用人公信度。比较认同和非常认同竞争性选拔工作在提高干部选拔工作民主化水平，提升选人用人公信度中所起作用的调查对象达到了 85%，如图 3-2 所示。

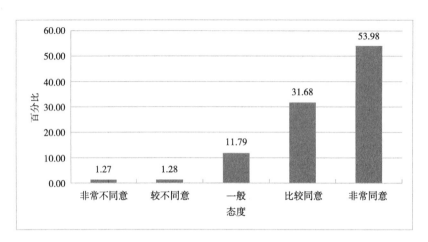

图 3-2　竞争性选拔提升了选人用人公信度的频次比例

三、提高了干部选拔工作科学化水平

党的十七大提出要形成干部选拔任用科学机制。从诞生之日起，竞争性选拔工作就将提高干部选拔的科学化水平的目标贯穿选拔的全流程，切实推动了选拔任用科学机制的形成。

第一，按照岗位职责职能，科学设置资格条件。资格条件是竞争性选拔的门槛，决定着参加者的数量多少和质量高低。资格条件设置的科学与否，直接关系到该项工作的成败。各地各部门在开展时，都能够以选拔职位的性质、职责等要素为依据，确定符合岗位特点的、履行岗位职责所需要的年龄、经历、学历、能力素质等条件，以确保将合适的人选纳入，保证竞争性选拔的科学性和有效性。

第二，程序设计体现三考结合，并根据需要灵活调整。从程序讲，竞争性选拔最突出的特点就是将考试作为必经程序，与考核、考察共同决定选拔结果。竞争性选拔在程序设计上都以考试、考核、考察相结合为前提，综合运用三者的结果。各地、各部门在实践中也根据自身实际情况，对具体程序或环节进行灵活调整，从而提高了竞争性选拔的针对性和有效性。有些地方按照考试、考核、考察的顺序，对不同环节赋予不同权重，最终确定人选；有些地方将考核环节前置，作为资格条件，再根据考试、考察的结果确定人选。

第三，竞争性选拔根据岗位特点，科学确定考试内容与方法。作为竞争性选拔检测参加者能力素质的关口，考试测评是体现其科学化水平的重要标志。竞争性选拔采用笔试、面试、测评相结合的方式，运用多样化的方法技术，力求提高选人用人的准确性，从而提高竞争性选拔的科学化水平。各地各部门在命制试题时，都坚持"干什么、考什么"的原则，力争突出岗位特点，贴近工作实际，最大限度地把参加者的实际能力检测出来，实现人岗相适，选出来的干部必然更能充分体现岗位需求，与岗位职责有着更高的匹配度和适应性（中共四川省委组织部课题组，2012），有效提高了干部选拔的科学化水平。比较同意和非常同意竞争性选拔在构建选拔任用科学机制方面所起作用的调查对象达到了85%，如图3-3所示。

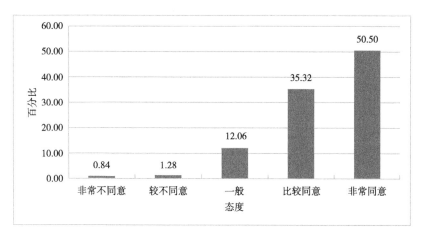

图3-3　竞争性选拔提高了干部选拔工作科学化水平的频次比例

四、遏制了选人用人不正之风

竞争性选拔区别于常规选拔的关键在于全流程的公开透明。竞争性选拔改变常规选拔"少数人选人""封闭操作"等做法，打破封闭、神秘的传统做法，增强干部工作的公开性和透明度（李国华，2009）。竞争性选拔从发布公告开始，就将选拔职位、资格条件、选拔程序、竞争规则等内容向社会公开，并把诸如笔试成绩、面试成绩、入围名单等核心、关键信息如实向社会公布，切实解决了群众意见比较集中的跑官要官、买官卖官、说情打招呼等问题，有效遏制了选人用人上的不正之风，净化了社会风气。党政领导干部竞争性选拔工作通过将选拔的各个环节向社会公开，把选拔的过程置于纪检、监察、公证和新闻部门的监督之下（龚永爱，2011），广泛接受监督。浙江、湖南等地利用电视媒体向社会直播面试过程，接受广大干部群众的监督，使竞争性选拔过程透明化，变"暗箱操作"为"阳光运行"，变"伯乐相马"为"赛场选马"，压缩了选人用人不正之风的空间。湖北通过建立信访、电话、网络等举报渠道，有效落实了干部群众对选拔任用工作的监督权，让民主监督落到实处。问卷调查显示，将近87%的调查对象认为竞争性选拔增强了选拔工作透明度，遏制了选人用人不正之风，如图3-4所示。

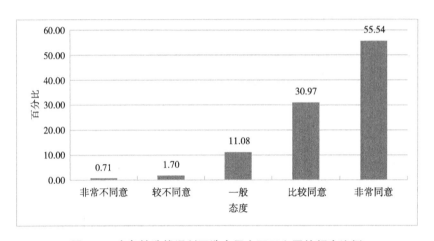

图3-4 竞争性选拔遏制了选人用人不正之风的频次比例

五、激发了干部队伍整体活力

竞争性选拔通过树立良好的用人导向，充分发挥了"指挥棒"的作用，激发了干部队伍的整体活力。首先，竞争性选拔以考试作为必要环节，为党政领导干部树立了注重日常学习和不断提高素质的导向，营造了注重学习的良好氛围。其次，竞争性选拔以考核结果作为重要参考，引导各级党政领导干部注重工作实绩、聚焦本职工作，树立了勤奋务实、注重实绩的用人导向。最后，竞争性选拔鼓励广大党政领导干部通过良性竞争脱颖而出，促进了干部队伍的奋发向上，激发了干部队伍的生机活力。有86%的调查对象认为竞争性选拔营造了注重学习、务实干事的良好氛围，激发了干部队伍整体活力，如图3-5所示。

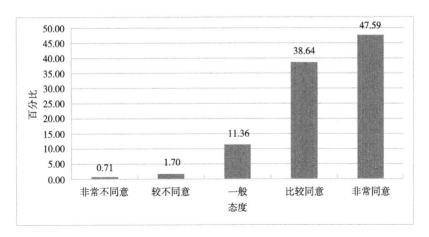

图 3-5　竞争性选拔激发了干部队伍整体活力的频次比例

第四章 竞争性选拔工作存在的问题及原因分析

第一节 问题来源

为了系统梳理目前存在的问题，我们研读了与竞争性选拔相关的文献资料，将其中所反映的问题提取出来。同时，按照将高度相关的问题划分为一类的原则，对问题进行了反复分析和比对，将所有问题划分为观念态度、概念认识、适用情形、适用职位、资格条件、选拔方式、程序组合、考试测评、实绩考核、组织考察、任用干部、未任用干部、队伍建设、成本周期 14 个类别。最后，为便于分领域对问题进行研究和描述，在进一步研究的基础上，本研究将 14 类问题归纳为 8 个领域，即思想认识、适用范围、资格条件、程序设计、方法技术、后续管理、队伍建设和成本效益，并将各领域内的问题和原因区分开，形成竞争性选拔工作问题表，如表 4-1 所示。

表 4-1　竞争性选拔工作问题表

领域	问题类别	具体问题
思想认识	观念态度	①部分领导对竞争性选拔工作的重要性和迫切性缺乏深刻认识 ②存在"求稳怕乱、心存疑虑、怕丢面子、信心不足、患得患失"等心理 ③将竞争性选拔视为灵丹妙药 ④有些地方搞"凡提必竞"
思想认识	概念认识	⑤对竞争性选拔概念的理解认识不一致 ⑥对竞争性选拔各环节的特点、功能及局限认识不全面
适用范围	适用情形	⑦不清楚何时应使用竞争性选拔
适用范围	适用职位	⑧竞争性选拔的适用职位数量比较少，难以形成竞争力 ⑨有分量的重要职位竞争性选拔少 ⑩职位的确定存在随意性

领域	问题类别	具体问题
资格条件	资格条件	⑪资格条件设置不够科学 ⑫资格条件设置没有对"考试族"进行约束 ⑬资格条件设置没有优先平时表现好的干部 ⑭存在因人设置条件的情况
程序设计	选拔方式	⑮在确定竞争性选拔方式时存在随意性 ⑯选拔方式的程序设计不规范
程序设计	程序组合	⑰竞争性选拔程序各环节的取舍、顺序、权重存在随意性 ⑱竞争性选拔程序环节过多或过简 ⑲考试、考核、考察脱节，重考试、轻考核考察的现象仍比较突出
方法技术	考试测评	⑳试题的现实性、针对性、有效性不强 ㉑具体考试测评方法技术的有效性不高 ㉒考试测评方法之间缺乏有效组合
方法技术	实绩考核	㉓考核难以考实考准
方法技术	组织考察	㉔考察失真失实
后续管理	任用干部	㉕重选拔、轻管理，重使用，轻培养
后续管理	未任用干部	㉖部分入围考察而未能上岗的干部心态、思想有较大波动，工作积极性不高
队伍建设	队伍建设	㉗命审题专家、阅卷人员和面试考官队伍的建设比较落后
成本效益	成本周期	㉘周期长、成本高

从方差分析的结果看，年龄和学历两个因素在竞争性选拔存在问题方面有显著差异。在年龄方面，本书运行 SPSS 中的单因素方差分析发现，年龄在 M1 上存在显著差异，如表 4-2 所示。

表 4-2　以年龄为因子的单因素方差分析

		平方和	df	均方	F	显著性
M1	组间	10.537	7	1.505	2.220	0.031
M1	组内	423.080	624	0.678	—	—
M1	总数	433.617	631	—	—	—

续表

		平方和	df	均方	F	显著性
M2	组间	3.316	7	0.474	0.936	0.478
	组内	338.244	668	0.506	—	—
	总数	341.560	675	—	—	—
M3	组间	12.066	7	1.724	2.807	0.007
	组内	399.759	651	0.614	—	—
	总数	411.825	658	—	—	—
M4	组间	4.640	7	0.663	1.286	0.254
	组内	342.609	665	0.515	—	—
	总数	347.249	672	—	—	—

为了进一步对差异性进行分析，本书对各年龄层对竞争性选拔工作存在问题的态度进行了描述性分析，如图4-1所示。

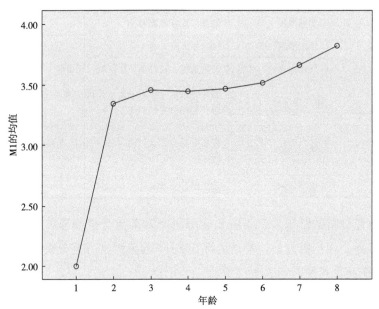

注：横轴代表年龄组。
1组：26岁以下，2组：26~30岁，3组：31~35岁，4组：36~40岁，
5组：41~45岁，6组：46~50岁，7组：51~55岁，8组：56岁以上。

图4-1 不同年龄对竞争性选拔问题态度的差异

从图4-1中可以看出，随着年龄的增长，M1的均值呈现上升状态。年龄越大的领导干部越认为竞争性选拔存在问题较严重。本书认为，这与当前广大干部群众对竞争性选拔的认识是比较一致的。竞争性选拔将考试作为必要环节，相对年轻干部来说，年龄较大的干部在考试方面不占优势；此外，竞争性选拔在资格条件设置方面对年龄有一定的倾斜，造成工作经验丰富但年龄较大的干部被排除在外。上述两点是造成年龄较大的干部认为竞争性选拔问题较为严重的原因。

　　除了年龄因素以外，问卷调查结果显示对于竞争性选拔存在问题的态度，学历因素也有显著差异，如表4-3所示。

表4-3　以学历为因子的单因素方差分析

		平方和	df	均方	F	显著性
M1	组间	7.331	3	2.444	3.602	0.013
	组内	423.969	625	0.678	—	—
	总数	431.301	628	—	—	—
M2	组间	0.478	3	0.159	0.314	0.816
	组内	340.163	669	0.508	—	—
	总数	340.642	672	—	—	—
M3	组间	1.623	3	0.541	0.867	0.458
	组内	406.705	652	0.624	—	—
	总数	408.328	655	—	—	—
M4	组间	0.572	3	0.191	0.369	0.775
	组内	344.085	666	0.517	—	—
	总数	344.658	669	—	—	—

　　为了更直观地展示这种差异，本书进一步分析了不同学历对竞争性选拔存在问题的态度，结果如图4-2所示。

　　从图4-2可以看出，随着学历程度的提高，对竞争性选拔存在问题的严重程度呈下降趋势。本研究认为，造成这种情况的原因有两点：第一，竞争性选拔以考试为必经环节，学历高的干部相对更具优势，尤其在考试测评环节；第二，竞争性选拔对高学历的干部比较青睐，在资格条件设置和组织考察环节，都会向高学历干部倾斜。

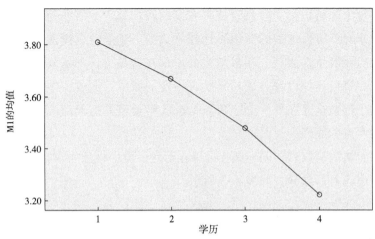

注：横轴代表按学历划分的组别。1代表中专、高中，2代表大专，3代表本科，
4代表硕士及以上。

图4-2　不同学历对竞争性选拔问题态度的差异

第二节　思想认识方面

广大干部群众对竞争性选拔的正确认识是该项工作平稳有序开展的前提。从文献资料中反映的情况看，竞争性选拔在思想认识方面仍然存在一些问题。第一，对概念的理解还存在误区。目前，干部管理相关文件中对竞争性选拔还没有规范统一的界定，各地、各部门的干部群众对其定义、程序、方式等方面的理解还不透彻。比如，有些人认为，一个职位只要有超过一个以上的人选就是竞争性选拔；有些人认为，竞争性选拔是单纯以考试为手段选拔干部，与其他环节无太大关系；还有些人认为，差额选拔也属于竞争性选拔。上述各种错误理解比比皆是，在一定程度上影响着竞争性选拔工作的扎实推进。第二，广大干部群众对党政领导干部竞争性选拔工作的认识还不到位。有些领导干部视竞争性选拔为万能，将其作为选拔干部的唯一方式，甚至大搞"凡提必竞"（范锐平，2013），忽略选拔职位的特点和当地干部的实际，一味地运用竞争性选拔方式，既伤害了符合提拔条件干部的心，打击了实绩突出但不擅长考试的干部的积极性；也对干部队伍的风气造成不良影响，助长"一考定终身"、人浮于事之风。还有部分领导干部参与竞争性选拔工作的积极性不高，有的干部担心人选已经内定，参加竞争性选拔也是"陪太子读

书"；还有的领导干部存在怕丢面子，怯于竞争的保守观念，以怀疑观望、等待时机的消极心理对待（龚建桥等，2012），这些不正确的认识会造成不良影响。有些地方在组织该项工作时，有时会出现岗位的竞争性不足的现象（毛军权等，2014），有超过52%的调查对象认为，干部群众对竞争性选拔的认识还不到位，如图4-3所示。

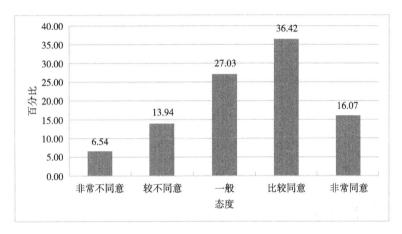

图4-3　对竞争性选拔的认识还不到位的频次比例

干部群众对竞争性选拔的理解和认识上的问题，影响了该项工作成效的发挥，造成上述问题的主要原因在三个方面。

第一，概念不明确，干部群众对竞争性选拔的内涵难以把握。由于尚没有明确的制度法规对竞争性选拔的概念及内涵作出清晰界定，也没有对各环节之间的内在联系和功能定位进行准确阐释，使得很多干部群众对竞争性选拔把握不准，对什么是、哪些方式属于等概念还很模糊。另外，一些干部不能准确把握各环节之间的辩证关系，没有意识到竞争性选拔的程序是一个整体，没有认识到不仅要依靠考试确定人选，而且各环节紧密联系在一起，发挥协同效应。

第二，对竞争性选拔工作的优势与不足缺乏足够的宣传与培训。竞争性选拔工作自诞生之日起就受到广泛关注，它以宽阔的选人视野、民主公开的选拔过程，以及公平的选拔手段备受社会瞩目。尤其是党的十七大以后，为了完成《2010—2020年深化干部人事制度改革规划纲要》中提到的"三分之一"的目标，各地、各部门大兴竞争性选拔之风，在开展范围、选拔职位和参与人数方面达到空前的规模。但是，竞争性选拔也存在自身难以避免的缺陷与短板，但在竞争性选拔蓬勃开展的大背景下，对竞争性选拔的缺点和不足很难形成系统和客观的认识，对竞争性选拔存在的问题和不足之处的宣传也难以开展，在一些地方形成"凡提必竞""竞争性选拔万能"等错误认识，给竞争性选拔工作带来了消极影响。

第三，后续管理机制不完善，某些落选干部给周围同事带来消极影响。个别地区和部门在组织竞争性选拔工作时因为公开透明的程度不够，或是忽略了对落选干部的关怀与沟通，给部分落选干部造成了消极的心理影响和误解，致使其将不良情绪和错误信息传递给周围的同事，让部分干部群众误以为竞争性选拔存在内定人选、暗箱操作等现象，影响其他人参加竞争性选拔的意愿。

第三节　适用范围方面

在什么情况下使用竞争性选拔方式能够获得常规选拔无法比拟的优势，在哪类职位空缺时运用竞争性选拔方式能够更有效地提高人岗匹配度，是竞争性选拔划定合理适用范围时必须回答的两个核心问题。科学界定竞争性选拔的适用范围是完善该项工作的重要内容。目前，各地、各部门在竞争性选拔适用范围方面存在两个问题：第一，适用情形不明确，即竞争性选拔适合用于哪些情况；第二，缺乏选拔职位的选取标准。究竟拿出哪些职位运用竞争性选拔的方式选出拟任人选和候选人选，各地、各部门随意性较大，存在一些以领导个人意愿选择职位的现象。除此之外，个别地方的选拔职位缺乏吸引力，副职居多，正职较少；经济管理等要害部门的职位较少，党群部门、文教卫等"虚职"居多（梁丽芝等，2012）。问卷调查的数据显示，有将近70%的调查对象认为竞争性选拔的职位数量和重要职位比较少，如图4-4所示。

造成竞争性选拔在适用范围方面存在诸多问题的原因有两点。

第一，缺乏对竞争性选拔适用情形及选拔职位的系统研究和严谨论证。目前，关于竞争性选拔适用情形的规定较为笼统，对比2002年颁布的《干部任用条例》，2014年重新修订的条例中，对公开选拔和竞争上岗的适用情形进一步缩小简化，只有本地区、本部门在领导职务空缺时无合适人选、急需专业人才，以及本单位、本系统内符合条件人数较多且意见不统一的情况下，才适合使用竞争性选拔。但是，过于笼统和简单的规定难以满足竞争性选拔

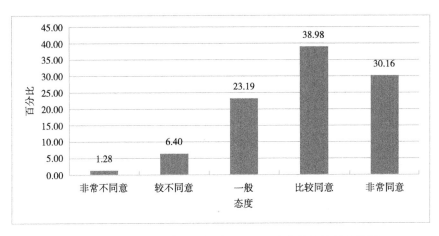

图 4-4　竞争性选拔的职位数量和重要职位比较少的频次比例

的现实需要，由于对竞争性选拔的适用情形缺乏深入系统的研究，各地、各部门在很多情形下仍然需要使用竞争性选拔，比如，需要扩大选人用人视野，面向更大范围选拔人才时，但这些情形并不在条例规定的范围内，导致领导干部陷入该不该使用竞争性选拔的两难境地。另外，在选择哪些职位通过竞争性选拔方式选出拟任人选和候选人选的问题上，由于相关制度规定缺位以及论证不充分，缺乏明确的选择标准和依据，导致确定选拔职位时存在一定的盲目性和随意性。

第二，个别领导干部对竞争性选拔工作存在不正确的认识。有些主要领导干部在出现职位空缺时由于官本位思维作祟，担心一旦运用竞争性选拔方式选拔干部，会降低自己在选人用人方面的话语权和自主权，对竞争性选拔方式心存顾忌，在开展竞争性选拔工作方面缺少积极性和主动性，拿出的选拔职位或数量较少，或吸引力不足，严重阻碍了竞争性选拔工作的有序开展。

第四节　资格条件方面

作为选人用人的第一道关口，资格条件设置决定了什么样的人能够参加竞争性选拔，在一定程度上也决定了参加竞争性选拔应试者的数量和质量，实际上是对有意向参加竞争性选拔的应试者的第一轮筛选。从实践看，各地、各部门在资格条件设置方面存在四个问题：第一，一些地方片面追求高学历、专业化，在资格条件上一味"拔高"（中共四川省委组织部课题组，2012），搞"一刀切"，将没有高学历但有丰富工作经验的年龄偏大的同志排除在外。第二，过于追求年轻化，忽略报考人员的工作年限、工作经历及业绩的要求，导致一些经验不足和阅历不够丰富的上岗干部难以适应工作，表现不尽如人意。第三，没有对报考频次加以限制，导致个别地方和部门出现了一些放弃本职工作而专心忙于考试的"考试族"和"考试专业户"。第四，有些地方"因人设岗""量体裁衣"，设置资格条件时以内定人选为标准，进行"萝卜招聘"。调查结果显示，有将近60%的调查对象认为竞争性选拔存在不同程度的追求高学历、年轻化的问题，如图4-5所示。

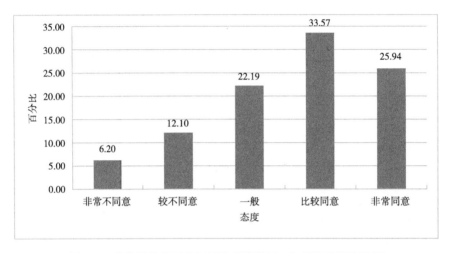

图4-5　竞争性选拔工作过于追求高学历、年轻化的频次比例

造成上述问题的原因有三点。

第一，职位分析工作不到位。职位分析是人力资源管理的基础性工作，在竞争性选拔工作中亦然。依靠科学系统的职位分析，制作出符合要求和客观需要的职位说明书，对职位的基本职责和任职资格进行详细说明非常必要。任职资格回答了要履行某一职位的若干职责，需要具备哪些能力和素质的问题。因此，通过职位分析得到的任职资格，是竞争性选拔工作在设置资格条件时必须参照的基本标准。但是，从各地各部门的实践看，往往缺少职位分析的基础性工作，进而导致竞争性选拔在资格条件设置方面存在诸多问题。

第二，个别干部对学历、年龄等要素存在不正确的认识。不可否认，我们一直在提高干部队伍的整体素质和活力，但不意味着在选拔干部时盲目追求干部的高学历和年轻化。在竞争性选拔工作中，有一些干部片面将高学历等同于能力强，将年龄低视为干部有活力和干劲的代名词，在资格条件上设置高学历、低年龄的门槛，既伤害了学历不高、年龄偏大但工作能力强、工作经验丰富的干部，又有可能选出由于不接地气、经验不足而难以胜任岗位要求的干部。

第三，尚未建立强有力的监督和问责机制。由于缺乏监督机制，导致选拔中因人设岗、变相内定人选的现象得不到有效的制约，而问责机制的缺失，则无法有效惩处这些行为，造成有些部门和地区违反规定，搞"萝卜招聘"的现象。

第五节　程序设计方面

一、选拔方式繁杂

通过对相关文献的整理分析，目前，各地、各部门采用的"竞争性选拔"方式名目繁多、种类复杂。有些地方在公开选拔或竞争上岗基础上，对其中某一个或某几个程序环节进行了调整，或者增加一个程序环节，就作为新的选拔方式进行命名，导致现在各地、各部门竞争性选拔方式纷繁复杂，甚至一些不属于竞争性选拔范畴的方式也被囊括在内。此外，还出现了同一名称的选拔方式在不同地方程序设计大不相同，和不同名称的选拔方式在不同地方程序设计大致相同的情况。造成竞争性选拔方式繁杂的原因主要有两点。

第一，缺少制度规范，各地、各部门在确定竞争性选拔方式时存在随意性。目前，关于竞争性选拔方式的制度规定只有2004年出台的两个《暂行规定》。两个《暂行规定》对公开选拔和竞争上岗的适用范围、基本程序等内容做了细致规定。但除此之外，并没有出台相关文件对目前在全国各地普遍使用的其他选拔方式进行制度规范，由此造成了各地、各部门在确定竞争性选拔方式时存在较大随意性，在一定程度上影响了竞争性选拔工作的制度性和规范性。因此，选拔方式和不同选拔方式的适用范围、主要程序都亟待规范。

第二，各种选拔方式的程序设计不严谨。某些地方在需要开展竞争性选拔时，针对某一职位选择了某一种选拔方式，但对该种选拔方式的程序随意设置，不仅导致同一种名称的选拔方式在不同地方程序大不相同，还降低了选拔程序的科学化水平，如在某一竞争性选拔方式中，多次出现同一种测评方法，对候选人重复测量，不仅浪费了资源，提高了成本，还导致测量结果的不准确。同时，这种对程序的自由选择无意中为另一种腐败——"程序性腐败"打开了方便之门，以表面公正的形式掩盖了不公正的结果。

二、程序组合具有随意性

研究显示，对于同样参加竞争性选拔的应试者，调整竞争性选拔环节的先后顺序和权重，对最终结果会产生较大影响，选出来的很有可能是不同的人。因此，程序组合是决定最终结果的关键问题。从目前各地、各部门的实践看，在程序组合问题上主要存在三个亟待完善的方面：一是在确定竞争性选拔的环节时存在一定的随意性。个别地方在设计竞争性选拔的程序时，主要依靠的是领导者和组织者的主观判断，随意增加或删减某些环节的现象时有发生，在降低了竞争性选拔工作有效性、影响选拔结果的同时，也使程序频繁发生变化，影响了该项工作的公平公正。二是选拔工作中对各环节的权重分配没有明确规定（张捷，2013），分配给竞争性选拔各环节的权重不合理。权重分配是一项技术性很强的工作，不仅起到决定最终结果的作用，也能够体现出各地、各部门的用人导向。有些地区和部门在分配各环节权重时，采取平均分配的原则，无法体现明确的用人标准与导向，难以将优秀人才选拔出来。第三，环节设置过于烦琐。环节过多不仅容易出现重复测量的弊端，也会延长竞争性选拔工作的周期，提高该项工作的成本。有超过46%的调查对象认为竞争性选拔的程序不够规范，如图4-6所示。

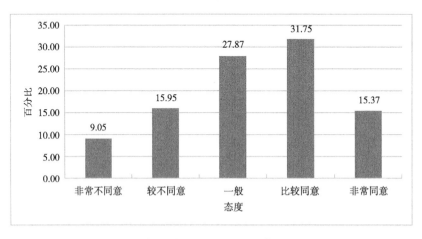

图4-6 竞争性选拔的程序不够规范的频次比例

造成竞争性选拔在程序组合方面问题的原因有三点。

第一，职位分析工作不到位。职位分析工作是开展竞争性选拔工作的重要基础。但由于缺乏有效的职位分析，导致竞争性选拔的组织者在设计程序环节时，不了解履行不同地区、类型、级别的选拔职位职责所必须的能力和素质，进而也无法根据选拔职位的需要，合理确定竞争性选拔程序环节的重要程度、先后顺序和权重分配等问题。

第二，缺乏竞争性选拔程序规范。除公开选拔和竞争上岗之外，目前，竞争性选拔工作中还没有对其他竞争性选拔方式程序环节上的制度规范，无法对各地开展竞争性选拔工作提供指导和依据，各地、各部门在设计选拔程序与环节时没有可供参考的流程，只能依靠经验和常识，容易导致竞争性选拔环节的随意和权重分配的不合理。

第三，竞争性选拔工作组织者专业化程度不够。当前，我国开展竞争性选拔工作的主体力量仍然是各级组织（人事）部门，尤其是党委组织部。虽然有些地方在组织系统设立了专司竞争性选拔及考试测评的部门，或在开展竞争性选拔工作时，引入外部从事人力资源管理相关研究的专家学者，但总体而言，我国从事竞争性选拔工作的专职人员在数量上和专业水平上还有很大的提升空间。由于组织者的专业化程度不够，难以胜任竞争性选拔工作中涉及的，诸如职位分析、环节确定、权重分配、考试测评方法的选择与组合等技术性较强的工作，导致竞争性选拔在程序环节上存在诸多问题。

三、考试、考核、考察脱节

考试、考核和考察是贯穿竞争性选拔的关键流程和核心要素，三者通过有机结合共同决定该项工作的质量。但从目前各地、各部门的实践看，三考尚未有机结合起来，发挥协同效应。个别地区存在"会考不会干""高分低能""会干考不好"等现象，造成不好的社会舆论，严重制约了竞争性选拔选用人公信度的提升。总体说，竞争性选拔在三考结合方面存在的问题，主要是没有充分合理运用三考的结果，表现在两个方面：第一，过分看重考试结果，忽略考核、考察的表现。考试只在一定程度上反映应试者的能力，而平时的考核、考察则能全面准确地反映领导干部的现实表现。但有些地方在开展竞争性选拔工作时，过于看重考试成绩，忽略考核，较少关注领导干部的平时表现和工作业绩，导致踏实工作、不善考试的"老黄牛"型干部吃亏；还有些地方轻视考察，将考察视为一种否决方式，仅考察干部的廉洁性等原则问题，导致考察"走过场"，无法发挥识人察人、有效衡量人岗匹配的作用，没有始终坚持"德才兼备、注重实绩、群众公认"的良好用人导向（麻宝斌等，2012）。第二，由于考核、考察结果较难以量化的形式计分，而考试则能够将结果量化，因此，一旦录取了考试成绩不在前列的应试者，就会招致一些人对竞争性选拔工作的质疑。为了避免类似情况的出现，很多地方以"以考取人"，只要干部没有"硬伤"，就很难通过考察改变选拔结果（中共四川省委组织部课题组，2012）。有近60%的调查对象认可竞争性选拔中三考缺乏有机结合，如图4-7所示。

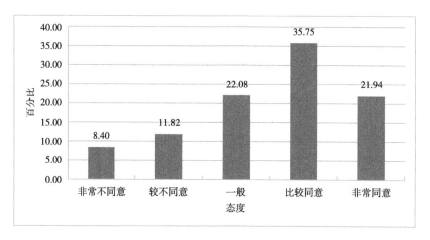

图4-7 竞争性选拔工作中考试、考核与考察缺乏有机结合的频次比例

"三考"没有有机结合的原因有两点。

第一，对"三考"的认识不到位。对考试、考核、考察的正确认识是促进"三考"结合的前提。但目前，很多地方和部门对"三考"的功能定位了解不够，对"三考"在竞争性选拔工作中的作用认识不充分。考试、考核、考察作为竞争性选拔的核心要素，能够从不同的方面对领导干部各方面的能力和素质进行衡量，并能够对结果进行相互印证与补充，从而全面地、历史地、准确地评价干部是否适合选拔职位的相关要求。一些地方和单位简单地将竞争性选拔等同于"以考取人"，忽视考核、考察的结果，将其视为走形式、走过场，导致"三考"未能有效结合。此外，"三考"工作本身还存在一定缺陷，关于考试、考核、考察工作存在的问题，将在方法技术部分详细阐述。

第二，在程序上没有体现"三考"结合。在程序设计上将考试、考核、考察结合起来，使"三考"发挥协同效应，是提高竞争性选拔工作科学性与有效性的重要保障。但是，在目前的党政领导干部竞争性选拔工作中，各地、各部门并没有依据"三考"各自的特点和功能设计选拔程序，"三考"环节的先后次序摆放、权重分配等方面存在一定的随意性，导致"三考"的结果无法真正得到有效利用，进而无法从多角度对领导干部进行准确评价。

第六节　方法技术方面

方法技术被广泛应用在党政领导干部竞争性选拔工作的各环节中，决定着竞争性选拔工作质量的高低。但是，目前测试手段不够科学规范，测评结果的可靠性和准确性尚显不足（段华洽，2011）。党政领导干部竞争性选拔在方法技术方面的问题就是"三考"本身存在的缺陷，主要包括考试试题质量有待提高，考试测评方法缺乏有效组合，考核难以考实考准以及考察失真失实。

一、考试试题质量有待提高

考试是党政领导干部竞争性选拔工作中技术性非常强的一个环节，也是辨别和评价选拔对象能力与素质的关口。由于考试的结果对竞争性选拔工作影响非常大，因此，考试试题命制质量的高低决定了竞争性选拔工作的结果与质量。但是，在目前的党政领导干部竞争性选拔考试工作中，还无法达到"干什么、考什么"的要求，考试内容带有一定的盲目性，与岗位之间的关联度和针对性不强（张捷，2013），不能体现岗位的特点，不能考察出干部对招聘岗位的工作适应能力（梁俊杰，2011）。笔试偏重于考查应试人员的知识面和理论功底（张成，2007），公共知识过多，试题"重知识、轻能力，重理论、轻实践"（刘学民，2015），面试的手段过于单一甚至流于"程式化"（毛军权，2014）。考试试题现实性、针对性、有效性较低的问题在广大干部群众中反响强烈，党政领导干部竞争性选拔工作在考试测评环节出现的问题最多，干部和群众对这个环节的科学性意见最大（田改伟，2014），已经成为竞争性选拔工作中亟待破解的重点难题。有一半以上的调查对象认同考试试题的现实性、针对性、有效性不强，如图4-8所示。

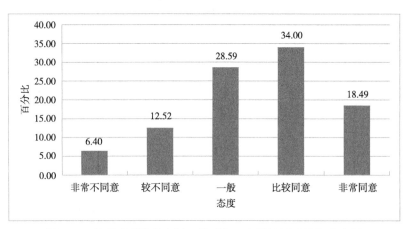

图 4-8　考试试题的现实性、针对性、有效性不强的频次比例

造成考试试题命制质量较低的原因有三点。

第一，缺少职位分析，试题结构不合理。作为党政领导干部竞争性选拔的基础性工作，职位分析是有效贯彻落实"干什么考什么"的重要前提。如前所述，目前，我国在竞争性选拔工作中对职位分析这一重要环节没有给予足够重视，由于缺少职位分析，对满足职位需求的能力和素质不明确，导致绝大多数地区和部门在命制试题时，一方面难以有效体现与职位紧密相关的内容；另一方面体现不出层级和类别上的差异，所有级别、不同类别的干部考的是同一套题，考试试题的有效性和针对性不强。此外，很多地区和部门在命制考试试题时，仍然以检测应试者的基础知识和公共知识为主，忽略了考试真正的目的在于衡量应试者对选拔职位的熟悉与了解、解决实际问题的能力以及发展潜力等，导致考试试题在结构上客观题多、主观题少，考查基础知识的题多、检测实际能力的题少。

第二，专家队伍建设力度不够。由于试题命制对命题专家的要求较高，很多地方和部门并没有条件和精力组织专业力量，甚至有相当一部分地区由临时抽调的、非专业人员命制试题。这些命题人员对选拔职位的能力和素质不甚了解，对试题类型和特点也欠缺足够的专业知识，考试试题的质量得不到有效保证。

第三，题库建设较为滞后。随着党政领导干部竞争性选拔工作的不断深入推进，为了有效保障该项工作的顺利实施，全国各地的组织系统很多建立了党政领导干部竞争性选拔试题库，供各地开展竞争性选拔工作时使用，为竞争性选拔工作提供了技术支撑。但是，有些地区题库建设相对落后，题目数量不多、更新较慢，导致有些试题的重复使用率较高、内容陈旧落后。

二、测评方法技术有效性不足

考试测评的方法技术，是决定党政领导干部竞争性选拔工作科学性、有效性的生命线。考试测评工作历经多年的发展，在方法技术上已经取得了长足的进步，在有效检测应试者能力和素质方面做出了巨大贡献。但是，考试测评方法技术的有效性仍然不足，主要体现在两个方面：第一，实施考试测评的工作人员专业性不强。考试测评是一项技术性极强的工作，实施测评的工作人员专业素质，对考试测评工作的开展具有非常大的影响。但目前，各地负责考试测评的工作人员专业能力参差不齐，对考试测评方法技术的了解不够透彻，导致这些方法技术自身优势无法得到有效发挥，影响了考试测评工作的质量。第二，考试测评方法技术缺乏有效组合。有些地区和部门运用的测评手段比较单一，主要采用笔试和面试的测评方式，对其他心理测验、能力测验、评价中心技术等，较为复杂但有效性高的方法技术运用较少，导致难以准确衡量应试者的综合能力和素质；还有些地方过于追求方法技术的"多"和"新"，在选拔过程中运用多种测评手段，但忽略了方法技术之间的有效组合与衔接，出现了重复测量、浪费时间等负面问题。有超过60%的调查对象认为考试测评方法缺乏有效组合，如图4-9所示。

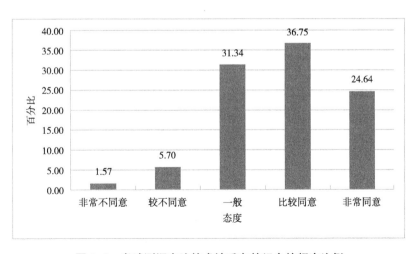

图4-9　考试测评方法技术缺乏有效组合的频次比例

造成考试测评方法技术有效性不足的原因，主要在于对方法技术组合的研究不足。一些地方在实际工作中过分强调对新的考试测评方法技术的开发，过于追求考试测评方法技术的"多"和"新"，但忽略了对如何将多种多样的考试测评方法技术科学地组合起来的研究，缺乏考试测评方法技术的选择标准，导致目前一些地区和部门没有根据实际情况和岗位的需要，科学选取考试测评方法技术，没有将传统的考试测评方式同新的测评方法技术有效衔接。这一方面会出现重复测评的情况，造成资源浪费，提高了考试测评成本；另一方面又会使考试测评工作人员难以充分掌握现有测评方法的技术特点，致使其不能对各种方法加以有效应用。

三、考核难以考实考准

考核是了解干部在原岗位上的表现和业绩的重要手段，不仅是竞争性选拔工作中非常重要的环节，也是干部管理工作中的核心内容。但各地、各部门在实际工作中，由于多种原因难以准确衡量干部的工作实绩。本书运用绩效管理系统模型中的五项关键决策（方振邦等，2015），系统论述造成干部考核难以考实考准的原因。

第一，在考核内容方面，指标缺乏战略性和针对性。目前各地在设计考核内容时，往往没有从组织战略出发，将组织战略通过工作目标的分解化为领导干部的考核指标，造成考核内容与组织战略之间缺乏联系，只能笼统地从"德能勤绩廉"五个方面进行模糊打分，不同地区的考核指标相似度高、千篇一律、缺乏对战略的有效支撑。

第二，在考核主体方面，没有按照"知情原则"选择恰当的评价者。"知情原则"要求在选择考核主体时，要有效区分内外部的考核主体（方振邦等，2013），要确保其对被考核者的工作职责、内容、性质等问题有一定的了解和认识，从而保证考核的准确性。但目前很多地方在选择考核主体时，忽略了这一基本原则，导致在考核过程中难以做出准确判断。

第三，在考核周期方面，过于依赖年度考核，忽略了与平时考核的结合。平时考核既是对领导干部工作的阶段性总结，督促其不断改进与完善绩效，也是收集和整理绩效信息，为年度考核打下坚实基础的过程。但很多地方都没有对平时考核给予足够重视，只期望在年终时"毕其功于一役"。但这种做法往往会陷入近因效应、晕轮效应的误区，难以保证结果的准确性和公平性。

第四，在考核方法方面，尚未引进现代的更有效的绩效考核方法技术。本书中的考核方法并不是针对具体指标而言的，而是指在综合考核评价时采用的方法技术。目前干部考核主要采用大会述职、民主测评、个别谈话、综合评价等方法，这些方法过于简单，不能准确区分领导班子绩效和领导个人绩效，难以客观全面地评价干部的政绩。

第五，在考核结果应用方面，割裂了与人力资源管理相关决策的联系。领导干部的考核结果只有与晋升、培训、绩效改进、薪酬等人力资源管理决策挂钩，才能使考核的目的得到有效发挥。但有些地方在考核结束之后，就将考核结果束之高阁，没有将考核结果落到实处，造成绩效考核系统的"空转"，严重影响了绩效考核激励、提升效用的发挥，也导致一些领导干部不重视绩效考核。

四、考察失真失实

考察是对已通过考试测评等环节，并确定为考察对象的干部进行全面了解和公正评价的过程，主要是从品德、能力、工作业绩等方面对考察对象进行综合评价。但是在实际的考察实践中，由于考核难以有效量化、部门本位主义等因素的存在，影响考察者准确、全面地把握考察对象的实际工作能力和业绩表现情况，导致考察失真失实。其原因主要包括三个方面：一是思想认识不到位，部分考察组成员还没有充分认识到考察的重要意义；二是考察结果欠真实，在考察过程中，既有为了维护共同利益的结盟现象，也有明哲保身的刻意回避，考察组难以听到真话；三是方法手段有局限，现有的考察手段方式还比较单一，就民主测评而言，其有效性也不够高。

造成考察失真失实的原因包括五个方面。

第一，对考察重要性认识不足，考察过程流于形式。部分考察组成员认为经过笔试、面试和领导能力综合测试的层层选拔与考核，入围考察者已经脱颖而出，其个人能力和素质已经得到了检验，所以认为后续的考察环节仅是"走走过场"，并没有什么实质性的作用。正是由于一些考察组成员对考察存在不正确的认识，造成了考察失真失实。

第二，考察手段相对单一，考核标准不够科学。从考察手段的方式看，竞争性选拔的组织考察工作主要通过民主测评、个别谈话、背景资料查阅等方式展开。依据知情原则，这对于部门内部的考察对象而言可以做出较为客观真实的判断，但是对于体制外或者异地的考察对象而言，这些考察结果的有效性则难免会大打折扣，不利于对考察对象做出全面客观的判断。而且，从国外的考核经验看，部分发达国家建立了分级分类的公务员考核体系，便于实施差异化的、具有针对性的考核方式，而当前我国的干部竞争性选拔标准还较为笼统，考察组成员对考察结果表现为一个主观性较强的印象得分，考察结果的客观性、准确性有待商榷。

第三，民主测评主观性较强，考察准确度不足。民主测评是在考察干部时，在一定范围内了解干部群众对考察对象评价意见的一种办法。民主测评的主观性较强，其结果是否可信赖，会受到诸多因素的影响，包括评价主体的选择、评价手段的采用等。从目前民主测评工作实践看，还存在诸多问题，制约了民主测评的准确度。首先，从评价主体的选择看，有些单位并未严格按照知情性、关联性和代表性原则确定评价主体，如果评价主体对考察对象的了解不够全面，难以做出准确客观的判断。而且，还有部分评价主体的责任感不强，对民主测评工作没有足够重视，考核打分比较随意。其次，从民主测评的方式看，现有的民主测评还缺乏明确的标准和规范，所以部分单位制定的民主测评考核标准比较简单笼统，还存在简单地以票取人的现象。此外，从考察对象本身看，有些考察对象由于作风硬朗、工作要求高、管理队伍比较严格，所以同事关系或上下级关系会比较紧张，有可能出现考察对象工作能力强，民主测评得分却较低的情况。而且，还有可能会有少数干部暗箱操作，如采用拉票等方式提高自己支持率的现象。

第四，部门个人利益纠葛，部分领导不恰当干预。考察结果一般会带来考察对象的人员流动，在实际的考察结果中，又会受到部门利益、个人利益的诸多影响。一是人才挽留。如果考察对象的个人能力突出，工作业绩表现卓越，一旦离开则有可能影响原部门的工作开展，所以部门领导有可能会出于私心，夸大考察对象的缺点，以留住人才。二是人员转移。对于品德或者业绩表现欠佳的考察对象而言，部门领导希望其能够调离工作岗位，所以在考察过程中会夸大考察对象的优点，回避考察对象的缺陷，从而使业绩表现欠佳的人员能够顺利转移。除此之外，还有一些部门为了"多出干部、快出干部"，以提高本部门的声誉，会对考察对象做顺水人情，在考察时给予肯定和积极的评价，也有部分人员从自身立场出发，抱着"送瘟神、腾位置"的态度给予考察对象不恰当的支持。

第五，谈话对象明哲保身，刻意规避潜在风险。在考察过程中，谈话对象会出于"跑风漏风"的考虑，选择对考察对象做出积极评价或者中性评价。因为谈话对象会担心如若发表一些负面的言论，且还被考察对象所知悉的话，不仅会影响自身与考察对象的人际关系，还不利于单位的和谐稳定，对以后的工作开展也会造成不利影响，所以出于这些方面的考虑，谈话对象会说好话，避闲话，考察结果不够全面。

第七节　后续管理方面

很多地方在选出拟任人选和候选人选之后，就认为竞争性选拔工作已经结束。但事实上，最终人选的确定并不是竞争性选拔的终点，还有很多后续管理的工作没有落实。一方面，针对上岗干部的培训与跟踪工作不到位，有些上岗干部不适应新工作、新环境，迟迟无法进入角色，甚至出现打退堂鼓、做"太平官"的情况；另一方面，缺乏对入围考察但未上岗干部的沟通与解释，导致其思想上对竞争性选拔有一些不正确的认识，对其他干部造成消极影响，甚至出现工作积极性下降，影响本职工作的情况出现。竞争性选拔还存在"重选拔、轻管理""重使用、轻培养"的现象（毛军权等，2014）。问卷调查的数据显示，有超过一半的调查对象认为竞争性选拔结果的延伸运用和后续管理还不到位，如图4-10所示。

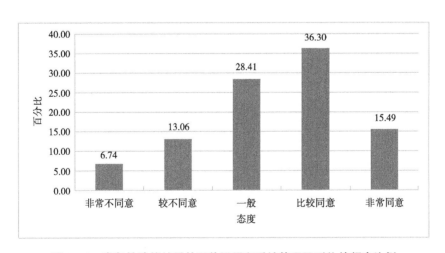

图4-10　竞争性选拔结果的延伸运用和后续管理不到位的频次比例

造成上述问题的原因有三点。

第一，对上岗干部的培训力度还不够。从组织（人事）部门的角度说，没有开展以思想政治教育和领导力为主的岗前培训，让上岗干部在思想上做好充分准备；从用人单位的角度说，没有开展诸如熟悉工作环境、工作内容的上岗后培训，有些地方甚至操之过急，没有让新上岗干部在适应新环境和新角色的情况下就委以重任，导致其压力过大，使自身才干没有得到发挥。

第二，缺乏跟踪调整机制。在竞争性选拔工作结束之后，组织（人事）部门缺乏对上岗干部在新工作单位适应情况的跟踪调查，不了解其在新岗位上的具体表现。此外，针对试用期内明显不胜任的干部，也缺乏调整退出机制，无法对上岗干部进行动态调整，导致某些上岗干部不求上进，产生了做"太平官"的思想。

第三，忽视了对入围考察而未任用干部的管理。很多地方在选出拟任人选和候选人选之后，就忽略了对已经入围考察但未任用干部的解释、沟通工作，导致有些干部不清楚落选原因，容易对竞争性选拔产生怀疑，同时，由于缺乏关心和抚慰，有些干部在落选之后心态会受到影响，打击工作的积极性。另外，对入围考察而未任用干部的储备和培养工作不到位，经过重重考试进入考察的干部总体说是比较优秀的，但目前各地还没有将这些干部储备起来并有计划地培养，对竞争性选拔结果的延伸运用还不够，造成人力资源的浪费。

第八节 专家队伍建设方面

竞争性选拔工作中的专家队伍主要包括三类：第一，负责命制笔试和面试试题的专家；第二，对考试试卷进行评判的阅卷人员；第三，面试考官。三类专家既决定了考什么样的内容，又决定了应试者能否得到公平公正的评判。因此，三类专家的能力水平对该项工作的质量有着非常重要的影响。但是，专家队伍建设在竞争性选拔工作中尚未成熟，在专家的专业性、客观性、公认性等方面存在诸多不足：一是没有形成以专业领域为基础的命审题专家库，以便在开展竞争性选拔时根据选拔职位的特点挑选对应领域的专家负责命题。二是面试考官结构不合理。一般来说，面试考官的构成可以分为内部考官和外部考官，内部考官包括用人单位或部门的领导，外部考官包括了解选拔职位的其他单位的领导、人力资源管理专家和群众考官。但是，目前各地对各类考官的组成比例的规定各不相同，存在一定的随意性，造成考官的结构不合理。三是专家队伍的专业化水平和公认度有待提高。有些专家没有受过专业训练，容易出现在命题过程中对试题内容、结构把握不准，在面试过程中对评分标准理解不到位的情况，影响评判结果。有超过70%的调查对象认为竞争性选拔中队伍建设还需加强，如图4-11所示。

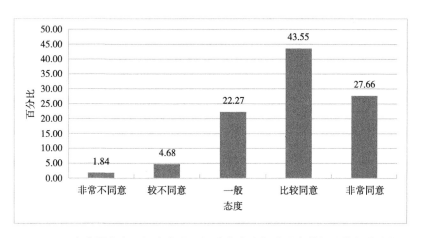

图 4-11　命审题专家、阅卷人员、面试考官队伍建设有待加强的频次比例

造成上述问题的原因主要有三点。

第一，面试考官构成标准模糊。目前，在竞争性选拔工作中尚未明确面试考官队伍的结构与比例，在挑选面试考官时存在结构不合理的问题，进而影响评判结果。在结构上，上级领导、人力资源管理专家和群众考官究竟以什么样的比例组成面试小组，各地还没有统一标准；在比例上，内外部考官人数的确定也缺乏明确的标准。有些地方以外部考官不了解单位实际情况为由，少请或不请外部考官；还有些地方刻意追求所谓的公平公正，面试小组全部由外部考官构成。以上几种情况都会造成面试考官结构的不合理，进而影响考试测评的科学性。

第二，对专家队伍的专业培训力度不够。大规模专业化的培训是竞争性选拔工作中专家队伍建设的有力保证。但很多地方在开展竞争性选拔工作之前，对三类专家的培训力度不够，造成专业化不足的情况。有些地方培训的深度和广度不足，既没有在纵向上对专业化的内容进行深入培训，也没有在横向上将培训的覆盖面铺开；还有些地方在培训主体选择上视野不够宽广，没有与真正有考试测评专业优势的高校和机构建立联系，利用其专业技术上的资源对专家队伍进行培训。

第三，缺乏对专家队伍的认证机制。健全的资格认证机制能够有效保证专家队伍的权威性和公认度。由于各地普遍缺乏三类专家的资格认证机制，也没有建立命审题专家、阅卷人员、面试考官的分类信息库，造成其专业性、公正性受到质疑，尤其是有些地方在开展竞争性选拔工作时往往从其他部门临时抽调人员，造成三类专家的公认度不高。

第九节　成本效益方面

相较于常规选拔，竞争性选拔工作成本高、周期长是比较突出的问题。从成本的角度看，组织（人事）部门在开展竞争性选拔过程中，除了要投入大量精力组织各项工作以外，还要支出一定的经费用于聘请三类专家，因此，竞争性选拔需要投入大量的人力、物力、财力；从周期的角度说，竞争性选拔的程序相对较多，环节与环节之间衔接的不紧密，比如在笔试之后，需要较长时间的阅卷，才能进入下一个环节，因此，开展一次竞争性选拔的时间可能长达数月。从问卷调查的结果看，有64%以上的调查对象认为竞争性选拔成本高、周期长，如图4-12所示。

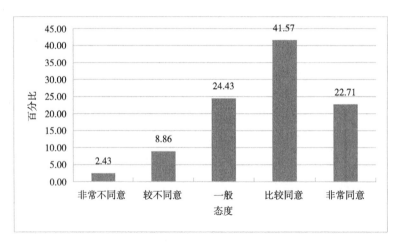

图4-12　竞争性选拔成本高、周期长的频次比例

造成上述问题的原因有两个方面。

第一，上下级缺乏协同联动机制。目前，很多地方在开展竞争性选拔工作时往往"单打独斗"，没有建立起上下联动、密切协同的工作机制，在一定程度上造成资源的浪费，增加了竞争性选拔的成本。

第二，竞争性选拔的程序繁多、方法复杂。竞争性选拔是一项系统工程，从程序上讲，是在常规选拔的基础上融入考试测评而产生的。因此，该项工作除了要遵照《干部任用条例》中规定的程序以外，还要加入发布公告、资格审查、考试等程序，持续的时间较长。此外，从考试测评方法技术的角度说，笔试和面试也需要耗费一定的时间进行命题、阅卷等工作，而且某些地方更是盲目追求运用多种考试测评的手段，不仅会导致重复测评，而且会拉长选拔过程，加剧了竞争性选拔成本高、周期长的问题。

第五章　国外高级公务员竞争性选拔的做法与启示

国外公务员制度的建立普遍早于我国，经过多年的不断改革与发展，在公务员选拔等方面出台了较为规范的法律法规，积累了丰富的实践经验。为了区别对待和精细化管理，很多国家将公务员划分为高级公务员和普通公务员，在录用、选拔、考核等方面采用不同的管理方式。就选拔而言，普通公务员有相当一部分比例是根据工作业绩和年资状况晋升的，即只要工作业绩和工作年限符合晋升的要求，就会沿公务员等级向上晋升，因而不在本书的研究范围内。而国外选拔高级公务员时，则是公务员主动参与竞争，通过公开报名的方式，在公开的平台上公平竞争，而且将考试测评作为必要环节，与本书对竞争性选拔的定义完全契合。因此，本书选择了包括美国、英国、澳大利亚和韩国在内的四个发达国家，范围涵盖美洲、欧洲、大洋洲和亚洲，对其高级公务员竞争性选拔的相关规定、经验做法及启示进行深入系统地研究，以期对我国党政领导干部竞争性选拔工作的改进与完善提供参考和借鉴。为了有利于各国之间的横向对比，本书按照基本情况、选拔标准和选拔程序的框架，对国外高级公务员竞争性选拔的相关规定与做法进行论述。

第一节　美国高级公务员竞争性选拔的标准与程序

一、美国高级公务员基本情况

美国联邦政府公务员共分 18 个等级，其中，16～18 级属于高级公务员。1978 年出台的《公务员改革法》中明确提出要建立高级公务员序列，并对其实施单独管理。美国联邦政府高级公务员的主要职责，是指导本部门工作、管理和实施行动方案、监督下属工作，并在一定程度上负责制定和执行政策。

经过多年的发展，美国高级公务员已经形成了一套较为全面的管理体系。1997 年，美国提出了高级公务员的核心资格（executive core qualifications），作为选拔标准指导高级公务员竞争性选拔工作，并于 2006 年重新修订。为了指导和规范各机构高级公务员竞争性选拔工作，美国联邦人事管理总署于 2012 年制定了《高级公务员核心资格指南》。

二、美国高级公务员竞争性选拔的标准

《高级公务员核心资格指南》中对高级公务员竞争性选拔的标准、程序、方法技术进行了细致规定。美国高级公务员的选拔标准包括领导变革、领导人员、结果驱动、运营管理和建立联盟五个方面。

（一）领导变革

领导变革的选拔标准要求高级公务员能够在复杂多变的环境中，感知内外部的变化，并在混乱中保持清醒、明确组织愿景、领导组织变革，最终顺利达成既定目标。

（二）领导人员

领导人员的选拔标准主要对高级公务员在领导力方面提出了明确要求。高级公务员既要能够指导下属实现既定目标，也要为其提供成长空间和团结协作的工作氛围。

（三）结果驱动

结果驱动的选拔标准对高级公务员在完成目标和达成结果方面的能力做出了细致规定。一方面，要拥有能够满足所在单位和其他利益相关者目标的能力；另一方面，结果驱动维度还对决策能力提出了要求，从而在面对复杂情况时能够顺利完成任务。

（四）运营管理

运营管理的选拔标准要求高级公务员要拥有对人力资源、财务资源和信息资源的有效管理和整合的能力，从而保证这些资源能够为组织实现战略目标服务。

（五）建立联盟

建立联盟的选拔标准对高级公务员在与内外部利益相关者建立联系和合作共赢方面提出了具体要求。建立联盟要求高级公务员要与包括单位内部、各单位之间、各级政府等组织建立广泛合作，实现共同目标。

为了更明确地为竞争性选拔提供依据，美国人事管理总署对政府和企业

的管理人员进行了充分调研，总结归纳了 28 项胜任特征。其中，有 22 项是在高级公务员核心资格框架的五个维度下的，另外 6 项是基础性胜任特征，从而形成一个六维度的胜任特征模型，为美国高级公务员竞争性选拔的开展奠定了基础，该模型如表 5-1 所示。

表 5-1　美国高级公务员核心资格胜任特征列表

维度	名称	内容
领导变革	创造力和创新性	提出新见解，敢于怀疑常规做法，提出新主张和革新办法，设计并实施新的或尖端的程序和方法
	外部知觉性	持续了解对组织及利益相关者产生影响的地区、国家、国际政策法规变化及趋势，了解组织对外部环境产生的影响
	灵活性	接受变化以及新信息，积极应对新信息的变化，能在不确定的环境中迅速做出调整
	压力承受能力	正确处理压力，即便在逆境中也能保持乐观向上的精神，能从挫折中迅速恢复
	战略思考能力	制定目标，确定优先级，实施与组织长期目标一致的计划。利用机遇规避风险
	愿景规划与实现能力	具有长远眼光，与他人建立共享的愿景；成为组织改革的推动力。能够感染他人，并将愿景付诸行动
领导人员	冲突管理能力	鼓励不同见解存在，预见冲突的存在并采取措施予以避免，使用有效的方法解决冲突或不同意见
	多元化平衡能力	建立一个兼容并包的工作环境，尊重、平衡个人差异，从而实现组织的目标或任务
	人员开发能力	通过提供持续的反馈以及正式或非正式的学习机会，促进他人为组织尽职尽力
	团队建设能力	鼓励并培养团队责任感、信心、自豪感和诚信度。依靠积极向上的团队成员的共同合作实现组织目标
结果驱动	责任心	约束自己和其他人的行为，承担责任，创造高质量、守时的、节约的成果；设立目标，确定优先级，并合理分配工作；勇于承担责任和面对错误；遵守既定的管理系统和规章
	客户服务能力	预测并满足内外部客户的需求，提供高质量的产品或服务，不断提升产品或服务品质

续表

维度	名称	内容
结果驱动	决策能力	做出切合实际的、有效及时的决策，即便是在时间有限或决策效果不尽如人意的情况下，也能及时预测决策造成的影响
	风险承担能力	发现新机遇引导组织取得更大成功，通过发展和提高产品及服务质量促进组织的发展，完成组织目标时需要考虑预算风险
	问题解决能力	辨别和分析问题，推测信息的重要性和准确性，选择准确的方案，提出建议
	技术可靠性	理解并能正确运用与特定专业相关的原则、程序、规章规定
运营管理	财务管理能力	了解组织的财政程序；制定、调整、管理项目预算；监督采购、签约等活动以实现既定目标；监督消费，根据经济理论设置优先级
	人力资本管理能力	根据组织目标、预算费用、人员需要等管理人力资源，保证人员被正确雇佣、选拔、评价和支付报酬，采取措施解决工作问题，管理复杂机构和处理多种工作环境中的劳动力问题
	技术管理能力	持续开展技术革新，高效利用技术实现目标，确保技术系统的准入性和安全性
建立联盟	合作关系建设能力	发展关系网络建立伙伴关系，跨领域合作，紧密联系从而能够实现共同目标
	政治悟性	确定能够影响组织工作的内部和外部政治因素，领悟组织和政治事务之间的关系并采取相应的措施
	影响力、谈判能力	使他人信服，通过互相协商建立共识，在获取信息实现目标方面赢得他人的信任与合作
基础性胜任特征	人际关系能力	与人为善、尊重他人，能够充分考虑来自不同环境的不同个体的需要和感情
	口头沟通能力	语言表达清晰，有理有据；仔细倾听，根据需要阐明观点
	诚实、正直	为人诚实公正，有道德观念；言行一致，遵守高尚道德标准
	书面沟通能力	文字表达清晰简洁，逻辑严谨，对读者具有说服力
	持续学习	正确评价和认识自身的长处和缺点，努力自我发展

续表

维度	名称	内容
基础性 胜任特征	公共服务动机	乐于服务公众，行为符合公众的要求，将组织活动及实践与公共利益结合起来

资料来源：U. S. Office of Personal Management：Guide To Senior Executive Service Qualifications ［EB/OL］. ［2023−05−10］. https：//www. opm. gov/policy−data−oversight/senior−executive−service/reference−materials/guidetosesquals_ 2010. pdf.

三、美国高级公务员竞争性选拔的程序

美国高级公务员竞争性选拔的流程也称为择优选拔流程（merit staffing process），其程序和环节在《高级公务员核心资格指南》中有明确规定。

（一）择优选拔流程

择优选拔流程是美国高级公务员竞争性选拔的主要方式。法律要求各机构要成立一个负责监管和参与择优选拔流程的高级公务员资源委员会（Executive Resources Board），由该委员会负责审查每个符合要求的申请人的资格条件，并给出建议。择优选拔流程的具体步骤如图 5−1 所示。

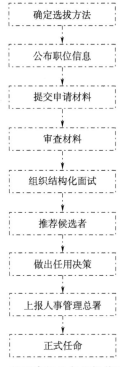

图 5−1　美国高级公务员择优选拔流程

1. 确定选拔方法

美国高级公务员的择优选拔流程共有简历法、成就记录法和传统法三种选拔方法。三种选拔方法根据选拔职位的不同特点对高级公务员提交的审查材料有着不同要求。

（1）简历法。简历法主要用于各机构的高层职位或技术类职位的任职者选拔。由于这些职位要求高级公务员具备极强的领导力，或对技术能力有着极高的要求，符合报名资格条件的候选人数量有限。因此，当选择简历法为选拔方法时，要求高级公务员在提交审查材料时，只需一份以高级公务员核心资格为框架，能够充分展现其领导力或技术能力的简历即可。这种方法由于选拔对象相对确定，范围有限，操作比较简单。

（2）成就记录法。成就记录法适用于一般职位的任职者选拔。顾名思义，成就记录法的核心就是在简历中体现高级公务员在过去职位上取得的成就和具备的能力。各机构在设定资格条件时，会在核心资格五个维度中各选出一项与选拔职位联系最紧密的胜任特征，作为高级公务员提交材料的依据。因此，成就记录法要求高级公务员在提交简历时要根据特定的胜任特征阐述自己取得的成就和能力。由于提交的简历是描述固定五项胜任特征的，为了更好地检验高级公务员的各项能力，人事管理总署要求各机构在实施测评时采用结构化面试的方法。

（3）传统法。与前两种方法具有较强的针对性不同，传统法要求高级公务员在提交简历时，要把核心资格中的所有要素都包含在内，以全面地展示个人所具备的能力和素质。

2. 公布职位信息

美国要求各机构对选拔职位的相关信息以适当的渠道向社会公开。一般讲，目前美国在选拔高级公务员时都将空缺职位的相关内容公布在公务员就业网（USAJOBS）上，时间至少要 14 天，从而保证信息的可获得性。

3. 提交申请材料

高级公务员要以选拔职位所在单位规定的选拔方法并结合空缺职位的具体特点填写材料。为了规范高级公务员填写材料的格式及内容，人事管理总署发布了《美国高级公务员核心资格指南》，对美国高级公务员竞争性选拔的概况、流程、写作要点和技巧等内容进行了细致规定，从而为高级公务员填写简历提供指导。

4. 审查材料

高级公务员向空缺职位所在单位提交材料以后，就要由各单位专门为竞争性选拔工作成立的高级公务员资源委员会对所有材料进行审核，并在此基础上，根据职位要求与高级公务员的成就、能力的匹配程度进行排序，确定参加面试的人选。

5. 组织结构化面试

由于美国高级公务员提交的简历中内容和框架是固定的，因此，结构化面试在各单位开展竞争性选拔时被经常使用。结构化面试是指按照统一的内容、程序、标准衡量面试者与工作相关的胜任特征情况。结构化面试的问题分为两种：一是基于面试者过去的经历和行为，试图利用过去的行为预测将来的行为；二是基于面试者在虚拟情境下的行为预测未来的行为。结构化面试是一种效度较高、成本较低的测评手段，在美国高级公务员竞争性选拔工作中得到了广泛认可。

6. 推荐候选者

在对进入面试的申请人进行测评之后，各单位的高级公务员资源委员会需要向单位内有权委任高级公务员的领导，推荐几位最符合职位要求的候选者。

7. 做出任用决策

在接到高级公务员资源委员会的推荐名单之后，有权委任高级公务员的领导要从人与组织匹配、人岗匹配的角度出发，挑选出最适合的人选，并确认其的确具备职位要求的核心资格和其他能力。

8. 上报人事管理总署

为了确保竞争性选拔工作的客观公正，各单位需要将最终人选的材料提交给资格审查委员会，由资格审查委员会再次对各单位确定的最终人选的材料做进一步审核，确保其符合高级公务员核心资格的相关要求。资格审查委员会的职责就是对各单位上报的最终人选的材料进行独立审核，这种复查机制有效保证了选拔过程与结果的公平公正，避免了各单位在竞争性选拔过程中出现的舞弊行为。

9. 正式任命

资格审查委员会在对各单位上报的最终人选的材料复核通过以后，就可以对其进行正式任命。美国高级公务员在提拔到新职位以后要经过为期一年的试用期，试用期表现合格，则正式被录用；如果表现不佳，则会被调整到其他职位。

（二）美国高级公务员竞争性选拔的考试测评方法

人事管理总署开发了许多测评手段为选拔最合适的高级公务员服务，各机构可以根据需要在竞争性选拔的过程中使用。各机构经常使用的测评方法包括职位分析（Job Analysis）、职业调查问卷（Occupational Questionnaire）、结构化面试（Structured Interviews）、胜任特征模型（Competencies）、成就记录法、评价中心技术（Assessment Centers）、履历分析（Biographical Data Tests）、认知能力测验（Cognitive Ability Tests）、情绪智力测验（Emotional Intelligence Tests）、诚信测试（Integrity/Honesty Tests）、业务知识测试（Job Knowledge Tests）、性格测试（Personality Tests）、背景调查（Reference Checking）、情景判断测验（Situational Judgment Tests）和工作样本测试与模拟（Work Samples and Simulations）等。各机构在选择这些测评方法时，要综合考虑效度、内容效度、分组差异、开发成本和使用成本五项标准。这些方法的比较如表5-2所示。

表5-2　各种测评方法的比较

测评方法	比较的维度				
	效度	内容效度	分组差异	开发成本	使用成本
成就记录法	高	中	低	中	中
评价中心技术	中	高	低	高	高
履历分析	中	中	中	高	低
认知能力测验	高	中	高	中	低
情绪智力测验	中	中	低	高	低
诚信测试	中	中	低	高	低
业务知识测试	高	高	高	高	低
性格测试	中	中	低	高	低
背景调查	中	中	低	中	低
情景判断测验	中	高	中	高	低
结构化面试	高	高	低	中	中
工作样本测试与模拟	高	高	低	高	高

资料来源：http://www.opm.gov/policy-data-oversight/assessment-and-selection/other-assessment-methods/assessment-method-considerations/.

第二节　英国高级公务员竞争性选拔的标准与程序

一、英国高级公务员基本情况

为了适应政府改革和公务员管理的现实需要，英国政府于1996年正式将高级管理人员、专家和政策咨询家等群体，纳入高级公务员中独立管理。英国公务员自上而下可分为内阁大臣、常务大臣、局长、主任、副主任、六级公务员、七级公务员、资深行政主管、高级行政主管、行政主管、政务主办和行政助理等12个等级。内阁大臣是最高级别的公务员，属于政务官，不在本研究的范畴之内。常务大臣是一个部门中最高级别的事务官，其工作职责是协助部长管理部门内的各项工作，向内阁汇报本部门的日常事务和公务员管理等情况。在公务员系统中，2至5级公务员属于高级公务员，约占公务员总数的1%。

二、英国高级公务员竞争性选拔的标准

1870年，英国为反对恩赐制而实行功绩制。从此，功绩制成为英国公务员录用的重要原则，对英国公务员激励机制的形成和队伍素质的提升发挥了巨大作用。英国在开展高级公务员竞争性选拔工作时，既关注高级公务员的工作业绩，也关注其胜任特征。由于英国注重绩效证据的收集，工作业绩方面的信息通常比较完备，在竞争性选拔时只需查阅相关信息即可。因此，胜任特征是英国高级公务员竞争性选拔的主要标准。

2013年4月，英国内政部发布了新的公务员胜任特征框架（Civil Service Competency Framework），该框架可以用于公务员的绩效考核、晋升考核、培训与开发等方面，同时适用于高级公务员和一般公务员。该胜任特征模型与绩效考核时使用的领导力模型的框架是一致的。公务员胜任特征模型包含确定方向（setting direction）、管理人员（engaging people）和取得成果（delivering results）三个维度，共计10项胜任特征。其中，确定方向维度具体包括总揽全局（seeing the big picture）、改变与提高（changing and improving）以及制定高效决策（making effective decisions）三项胜任特征；管理人员则具体包括领导与沟通（leading and communicating）、建立合作伙伴关系（collaborating and partnering）和培养全员能力（building capability for all）三项胜任特征；取得

成果维度具体包括取得商业成果（achieving commercial outcomes）、实现资金价值（delivering value for money）、提供高质量服务（managing a quality service）和反应迅速（delivering at pace）四项胜任特征。公务员胜任特征框架把诚实、正直、公正和客观等公务员价值观置于公务员胜任特征框架三个维度的核心，如图5-2所示。

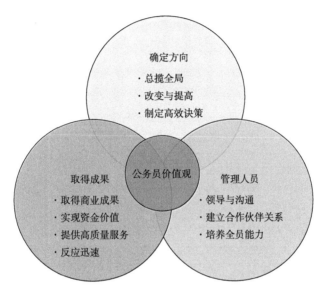

图5-2　英国公务员胜任特征框架

资料来源：Civil Service Competency Framework 2012-2017.

该框架中的胜任特征是指能够带来高绩效的知识、技能和行为等内容。所有三个维度的10项胜任特征体现了公务员应该如何做，才能达成绩效目标的基础素质。在实践中，公务员是否具备某种胜任特征一般通过其行为表现判断，当其表现出有效行为（effective behaviors）时就可以判断其具备该项胜任特征，而表现出无效的行为（ineffective behaviors）时则可以认定为不具备该项胜任特征。

该胜任特征框架列举了3到12级公务员在10项胜任特征上的有效行为和无效行为，并将10个等级公务员分为六个层次，自上而下分别是：第六层为局长和主任，第五层为副主任，第四层为六级公务员和七级公务员，第三层为资深行政主任和高级行政主任、第二层为行政主管，最底层为政务主办和行政助理。由于第六层和第五层为高级公务员，下面以这两层公务员在"确定方向"维度下的"改变与提高"胜任特征为例，对该胜任特征框架的基本结构予以诠释，具体如表5-3所示。

表5-3　英国公务员胜任特征框架示例

战略体系——确定方向

改变与提高：
在胜任特征中表现优异的人具有积极回应、富有创造性和寻找有效的改变机会等特征。对所有公务员来说，都需要接受变革，以积极改进的态度做事，并以更专注和聪明的方式工作。高级公务员则需要创造或建立一种鼓励创新、允许独立思考和承担风险的文化。这意味着需要持续寻求提供政策执行力的方法，以及建立一个更精简、更灵活和更具回应性的公务员队伍，也意味着需要尽量利用包括数字化和共享服务等替代方式

有效行为	无效行为
第六层 局长与主任（Level 6 Director General and Director）	
• 挑战机构制定的决策，在机构和系统内配置资源结构和流程，以创建一个精简、扁平和高效的组织 • 寻求变革机会，勇于承担风险并对现行行为采取有步骤的修正 • 反思体制与合作方式，以精简机构与公务员队伍 • 建立弹性和责任文化，使机构能对变革重点做出迅速反应 • 挑战现状及在整个公务员队伍最高层次上的原有假设 • 充分考虑组织文化变革的影响，拓宽政府结构和保持经济增长	• 造成或容忍官僚主义和降低效果的无效工作方式 • 主张维持现状，支持目前的做法，活动和过程没有挑战，规避创新和风险 • 延续无效的体制和合作方式 • 容忍团队运行的呆板和官僚化 • 支持在孤立领域采用渐进式改革，而不采取任何根本性的变革方式 • 采用碎片化的方式管理变革，专注任务限于文化和士气的成本方面
第五层副主任（Level 5 Deputy Director）	
• 寻求和鼓励独立思想、改进措施及本职范围内的风险承担，以提供更好的方法和服务 • 鼓励创造性思维的培养，寻求开放心态和认真聆听下属和利益相关者的想法 • 确定快速变革灵活性的改变步骤，提高服务的响应速度和质量 • 引领客户服务方式尽可能地向数字化方式转变 • 建立有效的计划、系统和治理方式，以便管理变革和及时响应紧急事件	• 有限改变自己的投资组合，不与其他领域的变化相整合或协同 • 建立一个风险承担和决策响应的惩罚性环境，不能容忍犯错误 • 本职工作过时，并跟不上变化的节奏和不能满足更广的服务需求 • 通过关注一贯表现的管理者，致力于形成基于自身投资组合活动的惯性文化 • 采取非系统性的方法变革管理，从而导致优先顺序和时间安排混乱

资料来源：Civil Service Competency Framework 2012-2017.

三、英国高级公务员竞争性选拔的程序

英国高级公务员竞争性选拔工作主要由各机构根据职位空缺情况自行安排，选拔程序主要依据的是《录用准则》（Civil Service Commissioner's Recruitment Code 2006）。根据该法，英国内阁办公室于 2006 年发布了《制定和管理公共部门任命指南》（Making and Managing Public Appointments：a Guide for Departments，Fourth Edition），确定了高级公务员竞争性选拔的一般程序。

英国高级公务员竞争性选拔一般包含查明职位空缺、咨询绩效考核主席等 19 个具体步骤，根据这些步骤需要完成的工作内容可以归纳为遴选准备工作、确定候选人、实施胜任特征测评和履行聘任程序四个大环节，如图 5-3 所示。

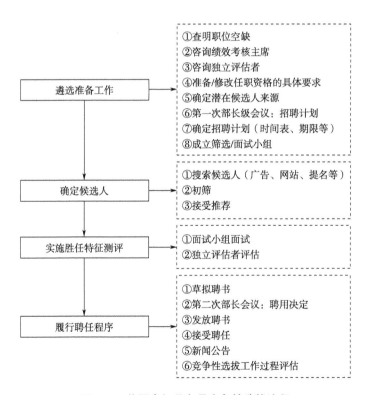

图 5-3　英国高级公务员竞争性选拔流程

资料来源：Making and Managing Public Appointments：a Guide for Departments（Fourth Edition）.

（一）遴选准备工作

在竞争性选拔的准备环节，各机构要在明确空缺职位基本情况的基础上，

确定任职资格条件，在与机构的领导沟通之后，拟订招聘计划，并成立工作组，负责对申请人的筛选和面试。

（二）确定候选人

在确定候选人阶段，各机构要通过发布广告、在网上发布等形式公布职位信息。在吸引足够数量的申请人之后，以之前确定的任职资格为依据对申请人进行初步筛选，确定进入实施胜任特征测评的候选人。

（三）实施胜任特征测评

在英国高级公务员竞争性选拔的面试阶段，主要围绕测评胜任特征展开。测评内容以英国公务员胜任特征框架为基础，并紧密结合职位特点。在实施胜任特征测评时，英国非常注重基于证据的理念。这种证据既来自候选人在面试中的表现，也来自其提供的申请材料。

（四）履行聘任程序

履行聘任程序是英国高级公务员竞争性选拔工作的尾声，主要是履行基本的任职手续。需要特别指出的是，英国非常重视高级公务员竞争性选拔的评估工作。通过有效的评估能够及时发现问题、总结经验，以便在未来的竞争性选拔工作中予以改进和完善。

第三节　澳大利亚高级公务员竞争性选拔的标准与程序

一、澳大利亚高级公务员基本情况

澳大利亚将公务员分为一般公务员、主管及高级公务员三大类，并在每个大类里进一步细分等级，澳大利亚高级公务员分为 3 个等级，从 1984 年起正式将高级公务员从公务员体系中独立出来单独管理。

二、澳大利亚高级公务员竞争性选拔的标准

为了对高级公务员的考核、晋升、领导力开发、培训等人力资源活动进行统一指导，澳大利亚政府于 2001 年开发了《高级公务员领导力框架》。澳大利亚高级公务员竞争性选拔工作的选拔标准紧紧围绕《高级公务员领导力框架》中的各项能力展开。澳大利亚《高级公务员领导力框架》包括五个方面，如图 5-4 所示。

为了更直接有效地为高级公务员竞争性选拔工作服务，公务员委员会针

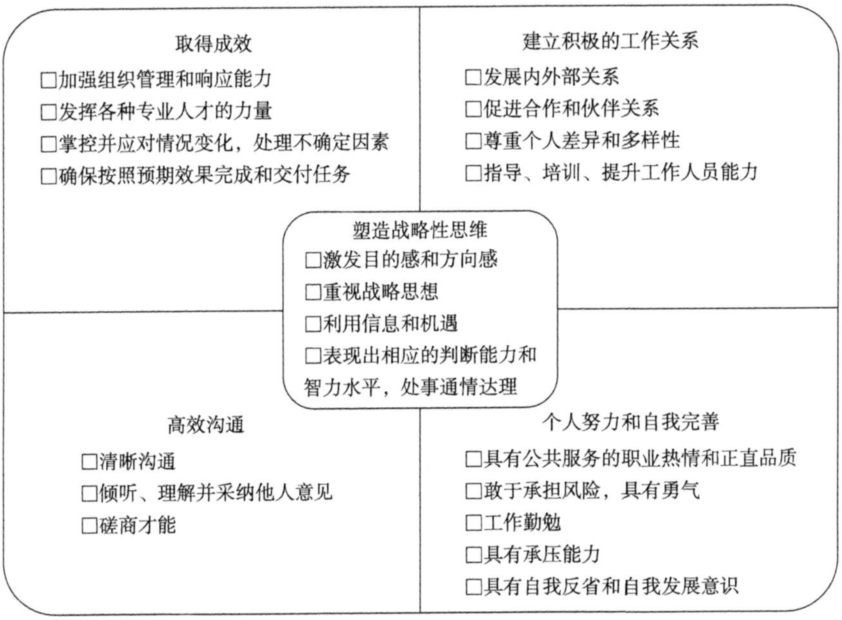

图 5-4　澳大利亚高级公务员领导力框架

资料来源：http：//www. apsc. gov. au/publications - and - media/current - publications/senior - executive - leadership - capability - framework.

对高级公务员的 3 个级别分别制定了综合领导力体系（Integrated Leadership System），列出了每级高级公务员在五个维度上的具体能力要求与表现，用作高级公务员竞争性选拔的依据。综合领导力体系如表 5-4 所示。

表 5-4　澳大利亚高级公务员综合领导力体系

维度	胜任特征	不同级别高级公务员的要求与表现		
		高级公务员 1 级	高级公务员 2 级	高级公务员 3 级
塑造战略性思维	激发目的感和方向感	开发出政府事业单元（Business Unit）的战略方向，描述战略要素是如何很好地组合和实现更高层次的目标，创造共同的目标，鼓励他人的投入并传达所需的行动和预期的结果	捍卫组织的愿景和目标，促进共同向战略方向努力，帮助创造协同政府目标和与未来需求一致的组织战略，鼓励他人的投入并传达组织战略的预期结果	捍卫组织的愿景和目标，将事业单元与战略方向相结合；帮助创造协同政府目标和与未来需求一致的组织战略；鼓励他人的投入并传达组织战略的预期结果

维度	胜任特征	不同级别高级公务员的要求与表现		
		高级公务员1级	高级公务员2级	高级公务员3级
塑造战略性思维	重视战略思想	理解组织的目标和组织在政府和社会以及整个政府问题中的角色；在考虑问题的结果时从多角度评估；在设计计划时，需要考虑目前以及可能的未来的要求；通过战略优先性，寻求政府事业单元活动的协同	了解本组织在社会中的角色，在评估关乎组织和社会关键问题的结果时，多维度的思考；向政府提出建议时，反映对众多问题的综合分析以及对整个政府议程的分析；考虑到新出现的趋势，识别长期的机会并使组织的运作与战略重点相一致	了解本组织在目前以及未来可能在社会中的角色；在评估关乎组织和社会关键问题的结果时，多维度的思考，同时考虑到组织和社会长期生存的解决方案；向政府提出建议时，综合反映对众多问题的分析；考虑到新出现的趋势，识别长期机会和考虑政府整体的预期结果，平衡组织目标与要求
	利用信息和机遇	关注信息和不同观点，监控信息渠道，以了解对于政府重要的新问题；监控环境变化，抓住机会并调整方法以回应威胁；弥补重要问题上的信息空白；为他人提供组织相关的背景知识	关注信息和不同观点，监控信息渠道，以了解对于政府重要的新问题；监控环境变化，准确定位组织，抓住机遇，减少威胁；弥补重要信息的空白；利用对组织的了解制定解决不同问题的方法	关注信息和不同观点，监控信息渠道，以了解对于政府重要的新问题；监控环境变化，准确定位组织，抓住机遇，减少威胁；弥补所有重要信息的空白；利用对组织的了解制定解决不同问题的方法；识别在整个政府范围内的机会，并寻求实现
	表现出相应判断能力和智力水平，处事通情达理	运用智慧和知识衡量信息的复杂性，识别关键因素和问题；在所有信息都缺乏的情况下能够有效地工作；探索所有的选项，在压力下做出有效的决策；考虑机会并预估风险；运用横向思维，提出创新方案	运用智慧和知识衡量信息的复杂性，识别关键因素和问题；基于有效的权衡利弊，制定切合实际的方案；预估风险，快速解决并帮助他人识别风险；利用创新方案解决复杂问题	通过高层次的批判性思考，确定联系和识别的关键问题；确定组织的内涵，运用有效的判断设计出解决方案；预估长期的和战略性的风险，快速解决，并帮助他人识别风险；利用创新方案解决复杂问题

维度	胜任特征	不同级别高级公务员的要求与表现		
		高级公务员 1 级	高级公务员 2 级	高级公务员 3 级
完成任务	加强组织管理和响应能力	通过利用技术和实施持续改进活动，探寻提高效率的方法；建立了具有互补技能的团队，设计继任计划；能够灵活应对不断变化的环境，巧妙地部署资源并确定最佳的资源组合；创造一个支持他人实现不断变化要求的灵活环境	关注支持组织可持续发展的活动；培育人才，建立继任计划；促进信息获得的便利性和信息共享；运用科技手段寻找提高有效性的方法并实施持续的提升活动；在资源压力下很好地控制和管理，实现最佳结果；创造一个支持他人实现不断变化要求的灵活环境	关注支持组织可持续发展的活动；培育人才，建立继任计划；促进信息获得的便利性和信息共享；寻求运营效率和简化以及适应流程；运用科技手段寻找提高有效性的方法并实施持续的提升活动；在资源压力下很好地控制和管理，实现最佳结果；创造一个支持他人实现不断变化要求的灵活环境
	发挥各种专业人才的力量	将专业人才整合到机构中，提高机构整体绩效，提升政府事业单元的产出；明智地管理合同；积极确保充分吸收了从他人身上获取的专业知识并分享自己的经验；正确评价各种专业人才的能力，重点是建立能整合和充分利用专业知识与技能的环境；确保能从他人身上学习相应的专业知识	将专业人才整合到组织中，提高组织的整体绩效和组织结果；明智地管理合同；积极确保充分吸收了从他人身上获取的专业知识并分享自己的经验	将专业人才整合到组织中，提高组织的整体绩效和组织结果；明智地管理合同；积极确保充分吸收了从他人身上获取的专业知识并分享自己的经验
	掌控并应对情况变化，处理不确定因素	有计划地管理项目；确立高级别目标，为目标转化为具体实施步骤提供支持；在不断变化和不确定的环境中有效地管理，保持灵活性；积极确保利益相关者在变化过程中了解相关信息	运用预期结果监督不断变化的多重活动的实施；确立高级别目标，确保将其转化为具体实施步骤；在不断变化和不确定的环境中有效的管理，保持灵活性；积极确保利益相关者在变化过程中了解相关信息	驱动议程的变化，确立高级别目标，确保将其转化为具体实施步骤；与多个机构协调项目，认识到变化的恒定性，保持灵活性；确保利益相关者能够投身到变化中，并在变化的过程中保持开放的沟通渠道

续表

维度	胜任特征	不同级别高级公务员的要求与表现		
		高级公务员1级	高级公务员2级	高级公务员3级
完成任务	确保按预期效果要求完成和交付任务	驱动成就导向的文化；确保想法和计划的行动成为现实，并且确保计划项目结果达到预期；追求品质，同时确保符合法律法规的规定；建立问责制时考虑到整个系统；防范可能会妨碍项目结果的风险，确保关键利益相关者参与解决所有相关的问题	驱动成就导向的文化，在组织中形成关注质量的意识；确保想法和计划的行动成为现实，并且确保计划项目结果达到预期；识别并消除潜在障碍以确保结果的达成。确保关键利益相关者获知所有问题的出现和相关的问题进展	驱动成就导向的文化，在组织中形成关注质量的意识；确保想法和计划的行动成为现实，并且确保计划项目结果达到预期；识别并消除潜在障碍以确保结果的达成。确保关键利益相关者获知所有问题的出现和相关问题的进展
建立积极的工作关系	发展内外部关系	在组织内部，与机构办公室、不同机构的公务员以及和众多的外部利益相关者建立和维持良好的关系；寻找相同的议程，并将人们聚集到一起；在个人行动和政府事业单元的行动中表现出对服务对象的承诺	在组织内部，与机构办公室、不同机构的公务员以及和众多的外部利益相关者建立和维持良好的关系；鼓励利益相关者在一起工作，建立跨机构的机制解决问题；通过自己的行动和组织的行动展现对服务对象的承诺	建立和维持提供丰富的情报网络的关系；与部长（Minster）建立良好的关系；鼓励利益相关者一起工作，并建立跨机构的机制解决问题；通过自己的行动和组织的行动展现对服务对象的承诺
	促进合作和伙伴关系	将人们聚到一起，鼓励关键利益相关者的投入；加强机构内和机构之间的合作；促进信息分享，促进知识构建；培养团队精神和奖励合作的行为；解决冲突和处理敏感问题	多方沟通以获得认同；利用内部和外部的关键利益相关者的知识，通过共享信息实现合作；保持开放的沟通渠道，促进信息交流；展现出很深厚的个人人脉，奖励合作行为；预见和解决冲突	多方沟通以获得认同，能够很好地识别需要投入的时机；向他人传递与利益相关者沟通的重要性；通过在机构间开展合作克服组织的孤立；在关键问题上参与部长办公会（Minster's office）；展现深厚的个人人脉，奖励合作行为，预见和解决冲突
	尊重个人差异和多样性	发挥多样性的积极作用并利用多样性为政府事业单元带来益处；利用对差异的认识，预估反应并增强互动；承认每个人工作方式的差异，并尝试从不同的角度看事物	发挥多样性带来的积极作用，并获取多种观点；利用对差异的认识，预估反应并增强互动；发现每个人工作方式的差异，预见反应，并尝试从不同的角度看事物	沟通组织多样性的价值；发挥多样性带来的积极作用，并获取多种观点；利用对差异的认识，预估反应并增强互动；发现每个人工作方式的差异，预见反应，并尝试从不同的角度看事物

维度	胜任特征	不同级别高级公务员的要求与表现		
		高级公务员 1 级	高级公务员 2 级	高级公务员 3 级
建立积极的工作关系	指导、培训、提升工作人员能力	鼓励不断地向他人学习，通过分配工作职责来分权；设立清晰的绩效标准，及时表扬和认可；把时间留给下属，在他们需要时，全力支持；提供建设性的反馈，管理绩效不佳的下属；对下属在高压力下工作时提供支持；在参与活动时维持士气	识别和发展人才；鼓励并激励人们不断学习，通过分配工作职责分权；制定明确的绩效标准，及时表扬和认可。把时间留给下属，在他们需要时全力支持；提供建设性的反馈，管理绩效不佳的下属；对下属在高压力下工作时提供支持；庆祝成功并在参与活动时维持士气	识别和发展人才，鼓励并激励人们不断学习，通过分配工作实现职责分权；制定明确的绩效标准，及时表扬和认可；把时间留给下属，在他们需要时全力支持；提供建设性的反馈和管理绩效不佳的下属；下属在高压力下工作时，提供支持；庆祝成功并参与活动中维持士气
个人努力和自我完善	具有公共服务的热情和政治品质	坚持和推进公务员的核心价值观和行为准则，将诚信和职业道德作为最高行为规范，鼓励其他人也照此标准；在组织流程内，在法律和公共政策的约束下专业地行事；在公共场合和内部论坛中有效地代表本组织，宣传本机构的议程	坚持和推广公务员核心价值和行为准则，据此相应地协同业务流程；处理违反协议和廉洁的问题；在组织流程内，在法律和公共政策的约束下专业地行事；在公共场合和内部论坛中有效地代表本组织，宣传本机构的议程	坚持和推广公务员核心价值和行为准则，据此相应地协同业务流程；处理违反协议和廉洁的问题；在组织流程内，在法律和公共政策的约束下专业地行事；在公共场合和内部论坛中有效地代表本组织，宣传本机构的议程
	敢于承担风险，具有勇气	提供公正、坦率的意见；准备好做出艰难的决定以实现机构的预期目标；挑战和鼓励在有争议问题上的辩论；做好自己的工作并在他人需要时提供帮助；为错误承担责任，从中吸取教训；在需要的时候，寻求指导和建议	提供公正、坦率的意见；准备好做出艰难的决定以实现机构的预期结果；清晰地表达自己的观点，挑战困难或者有争议的问题；做好自己的工作并在他人需要时提供帮助；为错误承担责任，从中吸取教训；在需要的时候，寻求指导和建议	在不断发生的关键和困难的问题面前，展现出作为一个领导者的勇气；为了实现预期结果，做好要做出很多关乎组织的艰难决定的准备；在组织犯错误时承担责任并确保采取正确的行动；在需要的时候，寻求指导和建议
	工作勤勉	致力于为组织取得重要成果；展现个人的动力、关注点和精力；激励他人的行动；果断的行动，并为克服困难问题采取紧急行动	致力于为组织取得重要成果；展现个人的动力、关注点和精力；激励他人的行动；果断的行动，并为克服困难问题采取紧急行动	果断地行动以保证战略的实施和问题的解决；展现自我的驱动力、关注力和精力；激励他人的行动；致力于把工作完成；保持控制并在需要解决问题时采取紧急行动

维度	胜任特征	不同级别高级公务员的要求与表现		
		高级公务员 1 级	高级公务员 2 级	高级公务员 3 级
个人努力和自我完善	具有承压能力	即使在困难的情况下也能坚持并专注于实现组织的目标；控制自己的情绪反应，并且在应对压力时保持没有失控的行为；在困境下仍能展现乐观并保持势头	即使在困难的情况下也能坚持并专注于实现组织的目标；控制自己的情绪反应，并且在应对压力时保持没有失控的行为；克服障碍，迅速从挫折中恢复；在困境下仍能展现乐观并保持势头	在极端压力的情况也能坚持并专注于实现组织的目标；控制自己的情绪反应，并且在应对压力时保持没有失控的行为；始终关注于最终的目标，克服重大的障碍和壁垒，迅速从挫折中恢复；在困境下仍能展现乐观并保持势头
	具有自我反省、自我发展意识	检查自己的绩效并定期从他人那里寻求反馈；自信地展现自己在某领域的实力，承认发展的需要，寻找相关的学习机会以扩展技能和经验；反思自己的行为并认识到对他人的影响	拥有很高的自我意识，能认识到自己的优势和局限；自信地展现自己在某领域的实力，寻找相关的学习机会以扩展技能和经验；反思自己的行为对别人的影响并相应地调节行为	展现很高的自我意识，在互相交流强项和发展需要时，能够发挥模范作用；洞察自己能力中能够配合他人的部分，乐于接受反馈并相应地调整行为；致力于不断学习
高效沟通	清晰沟通	自信并清晰简洁地传达信息，关注对他人来说的重点并使用恰当、清晰的语言表达，解释内涵，并确保准确地传达了结论；选择最适合的信息传递媒介，将书面和口头的表达结构化以确保清晰明确	自信并清晰简洁地传达信息，关注对他人来说的重点并陈述事实；简洁地将信息结构化，精确自信地展示信息，利用最合适的沟通方式；运用类比和故事为他人阐明主要观点，以便于他人理解	运用明确和清晰的方式自信地展现信息，关注对他人来说的重点并选择最合适的信息传递媒介，陈述事实并且使用简单直白的语言以增加透明度；运用类比和故事为他人阐明主要观点，以便于他人理解
	倾听、理解并采纳他人意见	努力理解他人，并相应地修正沟通风格和信息，仔细听别人的观点，并且核实以确保理解他人的观点；预先估计反应并做好回答他人疑虑的准备；检查自己对他人评论的理解，以避免误会的持续	努力理解他人，并为了满足他们的需要调整沟通风格和信息；仔细听别人的观点，并且核实以确保理解他人的观点；预先估计反应并做好回答他人疑虑的准备；检查自己对他人评论的理解，以避免误会的持续	努力理解他人，并能够读懂他们的肢体语言，调整沟通风格和信息以满足他们的需要；仔细听别人的观点，并且核实以确保理解他人的观点；预先估计反应并做好回答他人疑虑的准备；检查自己对他人评论的理解，以避免误会的持续

维度	胜任特征	不同级别高级公务员的要求与表现		
		高级公务员 1 级	高级公务员 2 级	高级公务员 3 级
高效沟通	磋商才能	通过对关键问题的掌握以开展磋商；提出一个有说服力且平衡的依据；预先估计对方的底线，并意识到潜在的妥协程度；确认并解决异议以促进互利的解决方案；鼓励利益相关者的支持；关注预期目标并确保谈判有序进行	通过对关键问题的深刻掌握以开展磋商；提出了一个有说服力且平衡的依据；重点关注信息传达的方式，运用技术有说服力地阐明观点；预先估计对方底线，并意识到潜在的妥协程度；确认并解决异议以促进互利的解决方案；鼓励利益相关者的支持；关注预期目标并确保谈判有序进行	通过对关键问题的深刻掌握以开展磋商；提出了一个有说服力且平衡的依据；重点关注信息传达的方式，运用技巧有说服力地阐明观点；预先估计对方的底线，并意识到潜在的妥协程度；确认并解决异议以促进互利的解决方案；识别关键利益相关者并寻求他们的支持；关注预期目标并确保谈判有序进行

资料来源：Australian Public Service Commission：The Integrated Leadership System，2006.

三、澳大利亚高级公务员竞争性选拔的程序

为了增强竞争性选拔工作的计划性和组织性，在开展工作之前各机构要成立临时的选拔咨询委员会，负责整个选拔流程的有序进行，尤其是要对申请人提交的材料进行审查。同时，澳大利亚规定选拔咨询委员会中必须至少有一名外部委员，对整个选拔流程进行监督与评价，这样做既能够保证选拔过程与结果的公平公正，也能够跳脱出空缺职位所在单位的视角，从更高的层次对申请人的各方面能力进行评价。

澳大利亚高级公务员竞争性选拔的具体程序如图5-5所示。

（一）确定选拔方式

在各机构出现高级公务员职位空缺时，由机构首长根据职位特点和机构内部的人员配置情况，判断是否需要通过竞争性选拔产生人选。如果该空缺职位有合适人选或不适合竞争性选拔，只需找到合适人选直接填补；如果机构首长决定要通过竞争性选拔方式产生人选，则要向公务员委员会上报方案，经过允许后开展选拔工作。

（二）公布职位信息

各机构要以信息公开为原则，将空缺职位的相关信息发布在澳大利亚公务员网站上，从而方便符合条件的高级公务员查询。

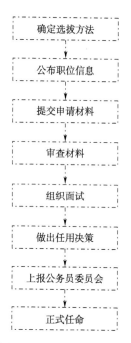

```
确定选拔方法
     ↓
公布职位信息
     ↓
提交申请材料
     ↓
审查材料
     ↓
组织面试
     ↓
做出任用决策
     ↓
上报公务员委员会
     ↓
正式任命
```

图5-5 澳大利亚高级公务员竞争性选拔流程

（三）提交申请材料

符合条件的申请人要以综合领导力体系为框架，结合空缺职位的特点向空缺职位所在机构提交相应的材料。

（四）审查材料

由机构内外部高级公务员构成的选拔咨询委员会负责对申请人提交的材料进行审查，重点是考察其是否具备职位相关的胜任特征。

（五）组织面试

选拔咨询委员会在审核材料的基础上确定进入面试的人选，运用相应的测评技术对申请人的胜任特征进行判断。一般来讲，澳大利亚常用的测评手段有评价中心技术和职业测验等。

（六）做出任用决策

在实施测评之后，选拔咨询委员会要根据测评结果对申请人进行排序，并向机构首长推荐空缺职位的拟任人选，最终任用决策由各机构的最高长官定夺。

（七）上报公务员委员会

各机构做出的任用决策需要上报统管高级公务员选拔工作的公务员委员

会，后者负责对拟任人选的材料进行复查和备案，并依据复查结果对各机构的任用决策予以认可或否定。

（八）正式任命

在公务员委员会认可了各机构的任用决策之后，机构最高长官就可以对拟任人选正式任命，并将任命结果向社会公示。

第四节　韩国高级公务员竞争性选拔的标准与程序

一、韩国高级公务员基本情况

2006 年，韩国设立了高级公务员团，将其从公务员队伍中独立出来实施管理。韩国公务员分为经历职和特殊职，其中经历职划分为一般类公务员、特定类公务员和技术类公务员。一般类公务员有九个级别，其中一到三级的公务员属于高级公务员。

二、韩国高级公务员竞争性选拔的标准

韩国在高级公务员竞争性选拔方面颁布的法令有《国家公务员法》《高级公务员团人事规则》《公务员任用令》等。这些法令规定韩国选拔高级公务员时必须是开放性和竞争性的。韩国 30% 的高级公务员是通过竞争性选拔方式产生的。

与美国、英国、澳大利亚相似，韩国高级公务员竞争性选拔的标准也是胜任特征，主要包括思考能力、业务能力和关系能力在内的六项能力，具体内容如表 5-5 所示。

表 5-5　韩国高级公务员竞争性选拔的能力标准

维度	能力	标准
思考能力	问题意识	通过对信息的掌握和分析，及时认识和把握问题的本质，并分析与问题相关的各种解决方案，查明问题的核心所在
	战略思考	设定愿景和目标，并明确实现愿景和目标的对策优先顺序与行动方案
业务能力	绩效导向	构建绩效最优化方案，确保实现目标过程中的效果和效率
	变革管理	理解环境变化的方向和趋势，确立个人及组织适应环境变化的应对措施

续表

维度	能力	标准
关系能力	顾客满意	将与业务相关的对象视为顾客，理解顾客需求并努力满足其要求
	协调整合	把握利益相关者之间的利害关系和矛盾，以平衡各方利益为前提，提出合理的解决方案

三、韩国高级公务员竞争性选拔的程序

韩国高级公务员竞争性选拔要遵循确定职位空缺、公布职位信息、组织任用考试、审查人选和正式任命五个环节，如图5-6所示。

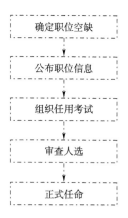

图5-6 韩国高级公务员竞争性选拔流程

（一）确定职位空缺

当出现高级公务员的职位空缺时，韩国政府各部门要与安全行政部进行讨论，对竞争性选拔开展的时间、方式、空缺职位的资格条件设置、考试测评的方法等具体事项形成统一意见。

（二）公布职位信息

在与安全行政部达成一致意见以后，要将竞争性选拔相关的信息通过网络、媒体等形式向社会公布，保证吸引足够数量、符合资格条件的优秀人才。

（三）组织任用考试

韩国政府各部门既可以选择自行组织任用考试，也可以委托安全行政部。韩国高级公务员任用考试的流程一般由资料审查、笔试和面试等环节，各部

门可以依据组织成本、职位特点等自由组合。在实施任用考试之前，要成立专门的考试委员会，负责具体实施笔试、审查和面试等工作。为了提高考试的公信度和科学化水平，韩国高级公务员竞争性选拔的面试环节包含一半以上的民间委员，民间委员通常由大学教师担任。此外，韩国高级公务员在面试时主要采用的考试测评方法是评价中心技术。评价中心技术以其在模拟实际工作情境和多种评价手段的优势，能够较好地预测应试者未来的工作绩效。

（四）审查人选

各部门通过任用考试确定了候选人之后，要通过安全行政部审核。具体负责审查人选的工作由隶属于安全行政部的高级公务员任用审查委员会承担。委员会的成员除了有高级公务员之外，还要从各行各业的佼佼者中挑选，比如上市公司的董事会成员、大学或研究机构的专家等。

（五）正式任命

只有通过安全行政部的审查之后，各部门才可以正式任命高级公务员。在接到安全行政部的审查结果之后，部门首长有权对审查结果提出异议，并要求复审。如果对结果没有异议，各部门就可以正式任命通过审查的高级公务员。

第五节　国外高级公务员竞争性选拔对我国的启示与借鉴

一、基于胜任特征设计高级公务员竞争性选拔内容

美国、英国、澳大利亚、韩国四个国家都建立了高级公务员的胜任特征模型，并在竞争性选拔工作中得到了普遍应用。在资格条件设置阶段，都明确要求在提交的材料中体现申请人所具备的与职位要求相匹配的胜任特征；在考试阶段，都围绕职位要求的胜任特征选择测评方法，确保竞争性选拔内容统一、重点突出。此外，英澳两国依据级别不同进一步细化了胜任特征，体现了国外高级公务员胜任特征框架的一致性和具体能力标准的差异性，以便更有针对性地对不同级别的高级公务员实施胜任特征测评。我国在党政领导干部竞争性选拔工作中，没有建立统一的胜任特征模型，导致在考试测评时只能从通用素质和专业技能的角度进行衡量，缺乏细致、有针对性的测评内容，难以保证选拔工作的有效性和准确性。因此，在完善竞争性选拔的过程中，要建立党政领导干部的胜任特征模型，同时依据

级别和任职职位的不同，分别制定不同的胜任特征标准，从而提高竞争性选拔工作的科学化水平。

二、高级公务员竞争性选拔程序规范统一

国外统一规定了高级公务员竞争性选拔程序，各机构虽然在选拔时具有较高的自主权，但在程序设计上仍然要遵循统一的规定。这种做法不仅提高了竞争性选拔制度的规范程度，也能够保证选拔过程的公平公正。我国在开展竞争性选拔工作时，各地、各部门在程序设计上的随意性较大，甚至同一种选拔方式在各地的程序大不相同，在一定程度上导致竞争性选拔工作的混乱。因此，明确竞争性选拔方式，规范选拔程序，是提高选拔工作科学性和有效性的必由之路，也是当前竞争性选拔工作中亟待解决的重要问题。

三、综合运用多种测评方法技术

国外在选拔高级公务员时，非常注重测评方法技术的组合运用。多种测评手段的有效组合能够全面准确地对高级公务员的胜任特征进行衡量，而且可以从多角度相互验证。美国在选拔高级公务员时运用了包括心理测验、结构化面试、评价中心技术等手段，澳大利亚运用评价中心技术和职业测验，韩国主要运用评价中心技术中的角色扮演、小组讨论、公文筐测验等方法，提高了对高级公务员胜任特征测评的有效性。我国在开展竞争性选拔工作时，也要在考试测评阶段引入多种方法，并进行有效组合，使各测评方法之间发挥协同效应，从而准确衡量领导干部的能力和素质。

四、将高级公务员竞争性选拔与绩效考核紧密结合

国外高级公务员的选拔标准与绩效考核的内容是相匹配的，都是对工作业绩和胜任特征的考核，其优点有两个：第一，有利于引导高级公务员在平时工作中更加重视能力的培养和工作业绩的完成，因为这不仅是取得良好绩效的前提，也是能够得到晋升的重要保障；第二，有利于绩效考核结果在高级公务员竞争性选拔中的直接应用，降低了选拔成本。因此，在设计党政领导干部绩效考核和竞争性选拔体系时，要坚持系统思考，将二者紧密结合起来，从而提高与干部管理制度间的协同性。

第六章　改进与完善竞争性选拔工作的对策建议

第一节　提高干部群众的认识水平

广大干部群众的认识水平决定了竞争性选拔工作的发展前景。因此，正确的思想认识是改进与完善竞争性选拔工作的前提。各地要做好宣传教育工作，广泛运用多种手段和方式，纠正目前在领导干部中存在的诸多不正确认识，为该项工作的顺利推进扫清障碍。第一，要深刻认识竞争性选拔，对其概念的把握一定要明确，要从五个要件中了解其本质内涵。另外，还要明确竞争性选拔在我国政治体制改革和干部人事制度改革进程中的作用，理清各种竞争性选拔方式各环节之间的内在联系和功能定位，使干部群众在实际操作过程中对竞争性选拔有清晰的认识，帮助其更好地把握竞争性选拔。第二，要正确看待竞争性选拔。从目前看，选拔仍然要以常规选拔为主，竞争性选拔只是常规选拔的有益补充。出现职位空缺时，如果视野内有合适人选就直接运用常规选拔方式，尤其是实绩突出、经验丰富、群众公认的干部更要大胆提拔，而没必要大张旗鼓地搞竞争性选拔。此外，也应该对该项工作中存在的一些问题保持清醒认识，也有一些通过这种方式选拔出来的干部被证明是不合适的，因此，要坚决纠正"竞争性选拔万能""凡提必竞"等错误观念。

第二节　科学界定适用范围

一、明确竞争性选拔的适用情形

要想合理选择竞争性选拔适用职位，首先要明确在哪些情形下适合用竞争性选拔方式选拔干部。本书认为，适宜进行竞争性选拔的情形包括需要拓宽视野面向体制外吸纳优秀人才时；职位空缺但本地或本部门内无合适人选时（面向社会进行竞争性选拔）；选拔专业性较强职位和紧缺专业职位的领导干部时；需要改善领导班子结构时；领导职位一次性空缺较多时；需要推进本地区或本部门内干部交流时；在本地区或本部门内有多个适合职位要求的人选时（面向内部进行竞争性选拔）；需要进一步扩大选人用人的民主，调动干部群众参与选拔的积极性，提高选人用人的公信度时。

二、确定竞争性选拔职位的范围

明确了竞争性选拔的适用情形以后，各地要从实际出发，确定竞争性选拔职位。具体而言，要做好以下两点：第一，从领导班子配备的角度出发，对结构性、专业性、急需性、工青妇等领导干部职位，可以运用竞争性选拔方式在更大范围内选拔合适人才，并适度提高通过竞争性选拔方式产生候选人选和拟任人选的比例。第二，各地在选择竞争性选拔职位时，也要合理确定选拔职位的正副职比例，关键重要职位和普通职位比例，部门或机构领导职位和内设机构领导职位比例，在开展竞争性选拔工作时要敢于拿出关键性、重要性的职位，在吸引优秀人才充实到干部队伍中的同时，能够切实提高竞争性选拔的影响力和公信度。

第三节　合理设定资格条件

报考资格条件设置是开展竞争性选拔的前置环节，规定了具备什么资格的人可以参加竞争性选拔，是对申请人的第一道筛选关口。资格条件设定的科学与否直接决定了竞争性选拔干部的质量。

一、严格依据相关规定

科学设定报考资格条件的首要原则就是要符合干部管理的相关规定。在《干部任用条例》中，对党政领导干部的基本条件和基本资格进行了详细说明。因此，在设置资格条件时一定要严格依据相关法规、制度和文件的要求。特别的，在2014年修订的《干部任用条例》中，对第二章第九条破格提拔的问题做出了严格的规定，除非极特殊情况，不得破格提拔。新条例的出台杜绝了一些考试族和企图通过竞争性选拔得到快速晋升的干部的想法，对资格条件设定提出了更高要求。

二、综合考虑不同职位类别、职务级别和地区的特点

根据我国公务员分类标准，可以把干部职位的类别分为综合管理类、专业技术类和行政执法类三种。每类职位对人的能力和素质的要求各有侧重，即使在同一职位类别内部，不同职位对人的能力和素质的要求也存在明显差异，因此对于选拔不同类别的干部，在依据《干部任用条例》等有关法规文件规定的前提下，要根据不同类别中职位的具体特点合理设定资格条件。不同级别的职位对任职资格要求也有很大差异，因此，在设定资格条件时有必要考虑级别的差异。此外，由于我国各地区在经济发展水平上存在较大差异，对领导干部能力素质的要求也有区域性特点。因此，在设定资格条件时，也要从当地现实出发，体现经济社会的发展现实。

三、突出年度考核结果

党政领导干部的年度考核结果是对其过去一年履行职责及工作表现的综合评价，在一定程度上能够预测其选拔职位的绩效。因此，在设定报考资格条件时，要将年度考核结果纳入进来，以此突出实绩导向，使广大党政领导干部聚焦本职工作，树立只有在本职工作上取得杰出绩效的干部才有资格参加竞争性选拔的导向，引导领导干部更加注重工作业绩。

四、合理设定年龄与学历要求

在设置报考资格条件时，要正确看待领导干部的年龄和学历。年纪轻不一定代表有生机活力，学历高不代表能力素质一定高。片面追求年轻化不仅对年轻干部成长不利，有揠苗助长之嫌，也会让年龄偏大但工作阅历丰富的干部寒心；而过度追求高学历也会让学历一般的干部的个人价值得不到发挥，造成人力资源的浪费。因此，各地在设定年龄和学历的资格条件时，一定要以职位要求为核心，综合当地班子结构等实际情况科学设定，一般对年龄限制不搞层层递减，除专业性较强的职位以外，对学历不提过高要求。

五、科学划定选拔范围

在竞争性选拔中，报考资格条件中选拔范围的设定包括地域和身份两个方面。对于地域设定问题，范围过大或过小都会对参加竞争性选拔的干部数

量和质量产生不利影响。如果选拔范围过大,对本地符合条件的干部来说,增加了竞争的激烈程度,在一定程度上会使其参与的积极性受到打击;如果选拔范围过小,则会面临在划定范围内没有合适人选的尴尬局面。因此,在科学划定选拔范围时,组织(人事)部门一定要深入了解当地干部队伍的整体情况,从供给和需求的角度做出准确预判,并在此基础上划定合理的范围。如果当地有较多符合条件的人选,就没有必要扩大选拔范围;当本地没有适合人选时,再面向更大范围。对于身份问题的设定也是如此,如果在体制内有合适人选就不再面向社会招考;如果没有合适人选,就必须面向社会招考,切不可随意降低报考资格条件。

第四节　规范竞争性选拔方式及程序

一、明确竞争性选拔的主要方式

在各地、各部门探索竞争性选拔的过程中,出现了多种选拔方式及其程序设计,有的地方在遵循有关法律法规的同时,对竞争性选拔工作进行了有益的创新和发展,非常值得借鉴;同时也有部分地方,存在不按照有关竞争性选拔的法律条文办事,随意增加或减少公开选拔和竞争上岗的程序环节,或者对已有选拔方式的程序稍做改动就随意命名等情况。这些不规范的做法直接导致了目前竞争性选拔方式名目繁杂,甚至出现了同一名称的选拔方式在不同地方程序设计大不相同,和不同名称的选拔方式在不同地方程序设计大致相同的情况。这些问题若不能及时得到解决,将在一定程度上降低选人用人的公信度。因此,规范竞争性选拔方式的名称和程序,已经成为情之所需、势之所迫。

本书通过文献研究和实地调研,共搜集整理出 30 种典型的选拔方式。按照竞争性选拔的构成要件对其进行判别,从中筛选出竞争性选拔方式有公开选拔(全国)、一评三考(郑州)、公推公选(齐齐哈尔、依安、江苏、天津)、专项竞岗(长春)、公推竞岗(长春、南京雨花台区,贵阳、南京市卫生局、工商局)、两推一评(韶关)、公推比选(银川、牡丹江)、三考三推(扬州)、竞争上岗(全国)、公推遴选(韶关)等。

通过对上述竞争性选拔方式的分析研究,确定了竞争性选拔方式的三个分类基准:一是选拔范围,即面向社会选拔,在本地区(系统)一定范围内选拔，在本单位、本系统内选拔。二是选拔手段，即通过考试测评或民主推荐，并借助两种手段的不同组合，将竞争性选拔方式的程序特点归纳为三种：①主要通过考试测评（笔试、面试、素质测评等）选拔，称为"只考不推"；②先进行考试测评再通过民主推荐选拔，称为"先考后推"；③先进行民主推荐再通过考试测评选拔，称为"先推后考"。三是选拔对象，即是选拔地方党政领导班子成员、选拔部门或机构领导干部，还是选拔内设机构领导干部。

依据三个分类基准，本书对各分类基准的不同要素进行了排列组合，并判断每种排列组合是否成立，其结果如表6-1所示。

表6-1 分类基准排列组合表

选拔范围	选拔手段	程序特点	选拔对象	是否成立	不成立原因
面向社会	以考试测评为主	只考不推	地方党政领导班子成员	是	
			部门或机构领导干部	是	
			内设机构领导干部	是	
	融合民主推荐和考试测评	先推后考	地方党政领导班子成员	否	面向社会，没有民主推荐的基础
			部门或机构领导干部		
			内设机构领导干部		
	融合考试测评和民主推荐	先考后推	地方党政领导班子成员		
			部门或机构领导干部		
			内设机构领导干部		
在本地区（系统）一定范围内	以考试测评为主	只考不推	地方党政领导班子成员	是	—
			部门或机构领导干部		
			内设机构领导干部		
	融合民主推荐和考试测评	先推后考	地方党政领导班子成员		
			部门或机构领导干部		
			内设机构领导干部		
	融合考试测评和民主推荐	先考后推	地方党政领导班子成员		
			部门或机构领导干部		
			内设机构领导干部		
在本单位、本系统内	以考试测评为主	只考不推	地方党政领导班子成员	否	选拔范围不适用
			部门或机构领导干部	是	—
			内设机构领导干部	是	—

选拔范围	选拔手段	程序特点	选拔对象	是否成立	不成立原因
在本单位、本系统内	融合民主推荐和考试测评	先推后考	地方党政领导班子成员	否	选拔范围不适用
			部门或机构领导干部	否	在本单位、本系统内选拔干部无需推荐
			内设机构领导干部	否	在本单位、本系统内选拔干部无需推荐
	融合考试测评和民主推荐	先考后推	地方党政领导班子成员	否	选拔范围不适用
			部门或机构领导干部	否	在本单位、本系统内选拔干部无需推荐
			内设机构领导干部	否	在本单位、本系统内选拔干部无需推荐
特例					
在本地区（系统）一定范围内	融合民主推荐和考试测评	先推（两轮）后考	地方党政领导班子正职	是	
			部门或机构领导干部正职	是	

因此，在将不成立的排列组合剔除之后，依据选拔范围、选拔手段及其程序特点，并考虑特殊情况，可将竞争性选拔方式划分为五种，如表6-2所示。

表6-2 竞争性选拔方式分类

选拔范围	选拔手段	程序特点	选拔对象	选拔方式
面向社会	以考试测评为主	只考不推	地方党政领导班子成员	公开选拔
			部门或机构领导干部	
			内设机构领导干部	
在本地区（系统）一定范围内	以考试测评为主	只考不推	地方党政领导班子成员	
			部门或机构领导干部	
			内设机构领导干部	
	融合民主推荐和考试测评	先推后考	地方党政领导班子成员	公推竞岗
			部门或机构领导干部	
			内设机构领导干部	
	融合考试测评和民主推荐	先考后推	地方党政领导班子成员	公推比选
			部门或机构领导干部	
			内设机构领导干部	

续表

选拔范围	选拔手段	程序特点	选拔对象	选拔方式
在本单位、本系统内	以考试测评为主	只考不推	部门或机构领导干部	竞争上岗
			内设机构领导干部	

特例

选拔范围	选拔手段	程序特点	选拔对象	选拔方式
在本地区（系统）一定范围内	融合民主推荐和考试测评	先推（两轮）后考	地方党政领导班子正职	公推公选
			部门或机构领导干部正职	

基于上述分析，本书将选拔方式命名为公开选拔、竞争上岗、公推竞岗、公推比选和公推公选。五种竞争性选拔方式的主要特点如表6-3所示。

表6-3　竞争性选拔方式特点比较

选拔方式	选拔范围	选拔手段	程序特点	推荐主体	选拔对象	适用性
公开选拔	面向社会在本地区（系统）一定范围内	考试测评	只考不推	—	地方党政领导班子成员	高
					部门或机构领导干部	高
					内设机构领导干部	低
竞争上岗	在本单位、本系统内	考试测评结合民主测评	只考不推	—	部门或机构领导干部	低
					内设机构领导干部	高
公推竞岗	在本地区（系统）一定范围内	融合民主推荐和考试测评	先推后考	推荐主体（本单位）	地方党政领导班子成员	高
					部门或机构领导干部	高
					内设机构领导干部	低
公推比选	在本地区（系统）一定范围内	融合考试测评和民主推荐	先考后推	推荐主体（非本单位）	地方党政领导班子成员	高
					部门或机构领导干部	高
					内设机构领导干部	低
公推公选	在本地区（系统）一定范围内	融合民主推荐和考试测评	先推（两轮）后考	推荐主体（两轮不同）	地方党政领导班子正职	高
					部门或机构领导干部正职	高

公开选拔是一种面向社会，或在本地区（系统）一定范围内，以考试测评为主要选拔手段，选拔领导干部的竞争性选拔方式，其程序特点为"只考不推"，主要用于选拔地方党政领导班子成员以及部门或机构领导干部。竞争

上岗是一种在本单位、本系统内，以考试测评为主要选拔手段，结合民主测评，选拔领导干部的竞争性选拔方式，其程序特点是"只考不推"，主要用于选拔内设机构领导干部。公推竞岗是一种在本地区（系统）一定范围内，融合民主推荐和考试测评两种选拔手段，选拔领导干部的竞争性选拔方式，其程序特点是"先推后考"，主要用于选拔地方党政领导班子成员以及部门或机构领导干部。公推比选是一种在本地区（系统）一定范围内，融合考试测评和民主推荐两种选拔手段，选拔领导干部的竞争性选拔方式，其程序特点是"先考后推"，主要用于选拔地方党政领导班子成员以及部门或机构领导干部。公推公选是一种在本地区（系统）一定范围内，融合民主推荐和考试测评两种选拔手段，一般用于选拔地方党政机关领导干部正职，其程序特点为"先推（两轮）后考"。

二、规范主要竞争性选拔方式的程序

（一）公开选拔的程序

公开选拔是一种面向社会，或在本地区（系统）一定范围内，以考试测评为主要选拔手段，选拔领导干部的竞争性选拔方式，其程序特点为"只考不推"。公开选拔的基本程序如图 6-1 所示。

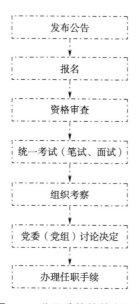

图 6-1 公开选拔的基本程序

1. 适用情境

公开选拔可突破单位（系统）、身份、地域，面向社会广选优秀人才。突破单位（系统）是指在选拔人才时可面向其他单位（系统）选拔，不再受本单位、本系统界限的制约；突破身份指既可以在公务员队伍中选拔，也可以面向企业和事业单位选拔；突破地域，主要是指突破行政区域界限，面向更加广阔的区域选拔人才。

公开选拔一般用于选拔地方党政领导班子成员以及部门或机构领导干部，亦可用于选拔内设机构领导干部。综合调研情况，在实践中公开选拔更多用于选拔部门或机构领导干部副职人选，在当前阶段，主要用于选拔结构性需要干部、专业技术类干部、急需紧缺干部和后备干部。

公开选拔的适用情形有五种：一是需要改善领导班子结构时；二是领导职位空缺较多，需要集中配备时；三是职位空缺但本单位无合适人选时；四是选拔专业性较强职位和紧缺专业职位的领导干部时；五是需要拓宽视野面向体制外吸纳优秀人才时。

2. 程序库

总结各地、各部门开展公开选拔工作的经验，设计出两种公开选拔的程序，如表6-4所示。

表6-4　公开选拔程序库

程序（一）	程序（二）
发布公告	发布公告
报名	报名
资格审查	资格审查
—	经历业绩评价
笔试	笔试
面试	面试
组织考察	组织考察
党委（党组）讨论决定	党委（党组）讨论决定
办理任职手续	办理任职手续

程序（一）是目前在各地、各部门公开选拔实践中应用最广泛的一种程序设计。这种程序设计完全是通过考试测评来达到遴选干部的目的，更适合跨地区大范围选拔所需人才。

当报名参选人数较少时，可以根据笔试和面试的综合成绩确定进入组织考察的人选。当报名参选人数较多时，可以先根据笔试成绩确定进入面试的人选，然后再根据笔试和面试的综合成绩确定进入组织考察的人选。

程序（二）在程序（一）的基础上增加了经历业绩评价环节。经历业绩评价主要从行业关联度、单位性质关联度、职位关联度等方面，评价参选人员的工作经历及业绩与选拔职位的匹配度。

当报名参选人数较少时，可以根据经历业绩评价、笔试和面试的综合成绩确定进入组织考察的人选。当报名参选人数较多时，可以先根据经历业绩评价的结果确定进入笔试的人选，然后再根据经历业绩评价、笔试和面试的综合成绩确定进入组织考察的人选；亦可先根据经历业绩评价和笔试的综合成绩确定进入面试的人选，然后再根据经历业绩评价、笔试和面试的综合成绩确定进入组织考察的人选。

（二）竞争上岗

竞争上岗是一种在本单位、本系统内，以考试测评为主要选拔手段，结合民主测评，选拔领导干部的竞争性选拔方式，其程序特点是"只考不推"。竞争上岗的基本程序如图6-2所示。

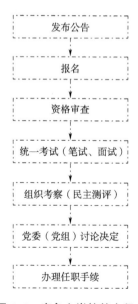

图6-2 竞争上岗的基本程序

1. 适用情境

竞争上岗一般用于在本单位、本系统内选拔内设机构领导干部，亦可用于选拔部门或机构领导干部副职人选。竞争上岗的适用情形有六种：一是本单位符合条件人选较多时；二是需要推进内部干部交流时；三是本系统内（包括下属企事业单位）有多个适合职位要求的人选时；四是一次性空缺职位较多时；五是选拔后备干部时；六是在职能相近的单位中有多个适合职位要求的人选时。

2. 程序库

总结各地、各部门开展竞争上岗工作的经验，设计出三种竞争上岗的程序，如表6-5所示。

表6-5　竞争上岗程序库

程序（一）	程序（二）	程序（三）
发布公告	发布公告	发布公告
报名	报名	报名
资格审查	资格审查	资格审查
笔试	笔试	笔试
面试	面试	面试
—	民主测评	面试
组织考察（民主测评）	组织考察	组织考察
党委（党组）讨论决定	党委（党组）讨论决定	党委（党组）讨论决定
办理任职手续	办理任职手续	办理任职手续

程序（一）的特点是以考试测评作为主要选拔手段，民主测评起辅助作用。这种程序设计适合选拔内设机构专业性较强职位的干部人选，原因是相对于群众认可度和人际关系，专业性较强职位更强调职位要求的知识技能。

当报名参选人数较少时，可直接根据笔试和面试的综合成绩确定进入组织考察的人选。当报名参选人数较多时，可以先进行笔试，根据笔试成绩确定进入面试的人选，然后根据笔试和面试的综合成绩确定进入组织考察的人选。

程序（二）的特点是考试测评在前、民主测评在后。这种程序设计适合选拔部门或机构专业性较强的领导干部副职人选。

当报名参选人数较少时，可直接根据笔试、面试和民主测评的综合成绩确定进入组织考察的人选。当报名参选人数较多时，一般先根据笔试成绩确定进入面试的人选，然后根据笔试、面试和民主测评的综合成绩确定进入组织考察的人选。

程序（三）的特点是民主测评在前、考试测评在后。这种程序设计适合选拔部门或机构领导干部副职人选，以及内设机构综合管理类职位的干部人选，民主测评前置体现了该职位更注重参选人员群众认可度和人际关系能力的特点。

当报名参选人数较少时，可直接根据民主测评、笔试和面试的综合成绩确定进入组织考察的人选。当报名参选人数较多时，一般先根据民主测评和笔试的综合成绩确定进入面试的人选，然后根据民主测评、笔试和面试的综合成绩确定进入组织考察的人选；亦可先根据民主测评成绩确定进入笔试的人选，然后根据民主测评、笔试和面试的综合成绩确定进入组织考察的人选。

（三）公推竞岗

公推竞岗是一种在本地区（系统）一定范围内，融合民主推荐和考试测评两种选拔手段，选拔领导干部的竞争性选拔方式，其程序特点是"先推后考"。公推竞岗的基本程序如图 6-3 所示。

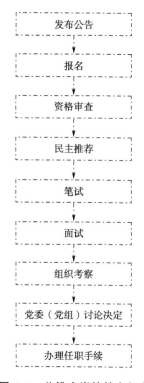

图 6-3　公推竞岗的基本程序

1. 适用情境

公推竞岗一般用于在本地区（系统）一定范围内选拔地方党政领导班子

成员以及部门或机构领导干部，亦可用于选拔内设机构领导干部。

公推竞岗的适用情形有两种：一是本单位、本系统内没有合适人选，但在本地区（系统）一定范围内有多个适合职位要求的人选时；二是职位空缺多，需要集中配备时。

2. 程序库

总结各地、各部门开展公推竞岗工作的经验，设计出两种公推竞岗的程序，如表6-6所示。

表6-6 公推竞岗程序库

程序（一）	程序（二）
发布公告	发布公告
报名	报名
资格审查	资格审查
民主推荐	民主推荐
—	经历业绩评价
笔试	笔试
面试	面试
组织考察	组织考察
党委（党组）讨论决定	党委（党组）讨论决定
办理任职手续	办理任职手续

公推竞岗的程序特点是"先推后考"，即首先要进行民主推荐，然后进入考试测评环节。民主推荐的主体因参选人员现任职位不同而不同：如果参选人员为内设机构领导干部，由参选人员所在单位进行民主推荐；如果参选人员为部门或机构领导干部，则由具有参选干部管理权限的地方党委进行民主推荐。

基于程序（一）的设计，当进入考试测评环节的人数较少时，可直接根据笔试和面试的综合成绩确定进入组织考察的人选。当进入考试测评环节的人数较多时，首先根据笔试成绩确定进入面试的人选，然后根据笔试和面试的综合成绩确定进入组织考察的人选。

程序（二）在程序（一）的基础上增加了经历业绩评价环节，当进入考试测评环节的人数较少时，直接根据经历业绩评价、笔试和面试的综合成绩确定进入组织考察的人选。当进入考试测评环节的人数较多时，首先根据经历业绩评价和笔试的综合成绩确定进入面试的人选，然后根据经历业绩评价、笔试和面试的综合成绩确定组织考察的人选。

（四）公推比选

公推比选是一种在本地区（系统）一定范围内，融合考试测评和民主推荐两种选拔手段，选拔领导干部的竞争性选拔方式，其程序特点是"先考后推"。公推比选的基本程序如图6-4所示。

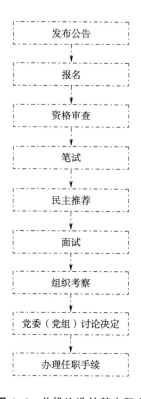

发布公告

报名

资格审查

笔试

民主推荐

面试

组织考察

党委（党组）讨论决定

办理任职手续

图6-4 公推比选的基本程序

1．适用情境

公推比选一般用于在本地区（系统）一定范围内选拔地方党政领导班子成员以及部门或机构领导干部，亦可用于选拔内设机构领导干部。

公推比选的适用情形为：一是需要改善领导班子结构时；二是领导职位空缺较多，需要集中配备时；三是职位空缺但本单位无合适人选时。

2．程序库

总结各地、各部门开展公推比选工作的经验，设计出两种公推比选的程序，如表6-7所示。

表 6-7　公推比选程序库

程序（一）	程序（二）
发布公告	发布公告
报名	报名
资格审查	资格审查
笔试	笔试
民主推荐	面试
面试	民主推荐
组织考察	组织考察
党委（党组）讨论决定	党委（党组）讨论决定
办理任职手续	办理任职手续

公推比选的程序特点是"先考后推"，即首先要进行考试测评，然后进入民主推荐环节。为了扩大拟选拔干部的群众基础，民主推荐通常以召开全委会扩大会议的方式进行，参加推荐的成员包括党委委员、"两代表一委员"、民主党派与无党派人士、与选拔职位工作关联度高的人员等。

当报名参选人数较多时，适合采用程序（一），即先通过笔试进行一轮淘汰，根据笔试成绩确定进入民主推荐的人选；然后根据民主推荐和笔试的综合成绩确定进入面试的人选；最后根据考试测评和民主推荐的综合成绩确定进入组织考察的人选。

当报名参选人数较少时，适合采用程序（二），即先根据笔试和面试的综合成绩确定进入民主推荐的人选，然后依据笔试、面试和民主推荐的综合成绩确定进入组织考察的人选。

（五）公推公选

公推公选是一种在本地区（系统）一定范围内，融合民主推荐和考试测评两种选拔手段，选拔地方党政领导班子或党政部门领导班子正职人选的竞争性选拔方式，其程序特点为"先推（两轮）后考"。

公推公选强调扩大干部选拔工作中的民主，将初始提名权交给干部群众。在程序设计上突出公开推荐，出现两轮以上的民主推荐，相对弱化考试测评。

公推公选的基本程序如图 6-5 所示。

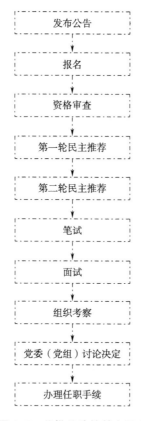

发布公告

报名

资格审查

第一轮民主推荐

第二轮民主推荐

笔试

面试

组织考察

党委（党组）讨论决定

办理任职手续

图 6-5　公推公选的基本程序

1. 适用情境

公推公选用于在本地区（系统）一定范围内选拔地方党政领导班子正职以及部门或机构领导干部正职。

公推公选的适用情形有四种：一是需要扩大组织选人用人视野，从更大范围内选拔领导干部时；二是需要进一步扩大选人用人的群众基础，调动干部群众参与选拔的积极性，提高选人用人的公信度时；三是本地区（系统）内有多个适合职位要求的人选时；四是领导职位空缺多，需要集中配备时。

2. 程序库

全国各地的公推公选工作以江苏省为典型，其程序设计如表 6-8 所示。

表 6-8 公推公选程序

发布公告
报名
资格审查
第一轮民主推荐
第二轮民主推荐
—
考试测评
组织考察
党委（党组）讨论决定
办理任职手续

由于公推公选强调扩大干部选拔工作的群众基础，在程序设计上先进行两轮民主推荐，然后进入考试测评环节。首先召开由具有选拔职位干部管理权限的地方党委（省、市、县）直管正职领导干部、部分"两代表一委员"等参加的民主推荐大会，进行全额定向推荐，确定进入第二轮民主推荐的人选；然后召开地方党委主持的由具有选拔职位干部管理权限的地方党委委员、人大、政府、政协领导班子成员，以及法院、检察院主要领导等参加的民主推荐会，对初荐入围人进行第二轮民主推荐，确定进入考试测评的人选；最后根据考试测评的成绩确定进入组织考察的人选。

第五节 开发和运用科学的考试、考核、考察方法技术

一、增强考试试题的现实性、针对性、有效性

考试试题能否有效体现职位对应试者各方面能力素质的要求，是决定考试测评工作成败的关键问题，增强试题的现实性、针对性和有效性，必须以"干什么、考什么"为原则，做好三方面的工作。

（一）做好职位分析的基础性工作

做好职位分析工作是科学命制试题的重要前提和必然要求。由于选拔职位不同，对党政领导干部能力素质的要求自然有所区别。通过规范系统的职位分析，才能确定履行空缺职位的职责所必需的能力素质，并以此为基础命

125

制试题。要将职位分级分类,即按照不同的级别和类型对选拔职位进行科学分类,探索一职一卷的命题模式,尤其在选拔职位较多时,将工作性质相似的职位归类到一起,针对一类职位命题,不仅能够体现检测能力的通用性,还能有效降低成本;而对于专业性较强的职位,为了准确测试职位要求的能力素质,在条件允许的情况下,要针对具体职位单独命题。

(二)优化试题结构

在笔试试题中要以主观性、实践性的案例分析题为主,以此提高试题检测应试者业务水平、工作思路等与职位相关的实际能力。对于面试及测评题目,一定要明确每种面试和测评方法重点测试的能力,针对重点测试的能力出题。

(三)加强题库和专家库建设

当前,我国经济社会正处在急速发展时期,国内外形势日新月异,对各级党政领导干部能力和素质不断提出新的要求。考试试题的命制也要与时俱进,及时反映新环境和新形势的变化。因此,要加强题库和专家库的建设。一方面,要加快试题的开发和更新,淘汰已经过时或重复使用多次的试题,将反映时代发展变化和要求的试题纳入进来,保证试题的更新速度与不断发展的竞争性选拔工作相匹配。另一方面,要进一步加强与高校、科研机构的联系,建立高水平的专家库。高水平的专家对考试内容、考试方法等有着较为深入的了解,能够在职位分析的基础上结合新形势的发展变化命制高质量的试题,从而提高试题的现实性和有效性。

二、优化组合考试测评的方法技术

人才测评的方法技术有很多,其中有一些已经被引入党政领导干部竞争性选拔工作中,作为衡量人岗匹配度的重要手段。当前考试测评方法技术工作的重中之重,是将多种多样的测评方法有效组合,发挥协同效应,全面准确地测量与评价个性特质和能力素质等内容,从而提高竞争性选拔的有效性。从理论上说,每种测评方法适合测量的能力和素质是不同的。因此,在研究方法技术组合的过程中,必须要明确每种测评方法能够有效测量的能力要素,结合选拔职位的胜任特征,在不重复测量的前提下,把几种考试测评方法组合起来形成若干种方法组合,再从中找出最优组合,一般来说,要遵循下列步骤:

第一,通过明确任职资格与胜任特征,确定评价要素。基于职位分析构建胜任特征模型，然后从职位说明书和胜任特征模型中提炼出对该职位比较核心的几种胜任特征要素。

第二，建立能力要素与测评方法技术相对应的双向细目表。对于同一种胜任特征要素，可以通过多种方法技术进行测量，但是总有一种测评方法技术测量该种能力要素的效度最高。因此，在进行人才测评时，一定要建立每种待测评要素与测量该要素效度最高的方法技术之间相对应的双向细目表。

第三，确定合理的考试测评方法组合。根据所需要评价的胜任能力要素，对照双向细目表，在综合考虑诸如效度、信度、设计成本、使用成本等方面的影响因素后，确定考试测评方法技术的组合。

目前，在我国党政领导干部竞争性选拔工作中应用的测评方法技术可以分为两大类：测量个性特质和评价素质能力。测量个性特质的有各类心理测验工具，但在实践中更为常用的是评价素质能力的方法，主要包括半结构化面试、无领导小组讨论、公文筐测验、经历业绩评价等。

（一）半结构化面试

半结构化面试介于结构化面试和非结构化面试之间，以指定问题和自由追问相结合的方式，达到考查考生相关能力的目的。这种方式既适用于了解考生的情绪稳定性、自信程度等个性特质，也能够有效考查考生的综合分析、语言表达和专业技术等能力。从题型讲，半结构化面试的试题主要有分析型、情境型和行为型三种。分析型指的是通过向考生询问一些较为复杂的问题，考察其逻辑思维能力、综合分析能力和解决问题能力的面试题目；情境型指的是通过给定一个与工作相关的假想情境，要求考生设身处地回答给定情境下的问题；行为型指的是通过要求考生描述其过去与职位相关的工作或生活经历，判断其各方面素质的题型。从过程讲，半结构化面试一般分为演讲、指定提问和自由追问三个环节。综合而言，这种测评方法信度和效度较高。实施半结构化面试的关键在于科学的设定评分标准，既要明确测评要素，又要细化评分标准和依据。目前，各地、各部门在实施考试测评时，都较为广泛地使用半结构化面试的方法。

（二）无领导小组讨论

无领导小组讨论是让一组应试者在不指定角色的前提下，根据给定情境，通过自由讨论得出结论的测评方式。考官根据应试者在讨论中的言语和行为表现，对应试者的分析解决问题能力、组织能力、沟通能力，以及引领团队能力、亲和力等个性特质做出相应的评价。其优点在于能在拟真的动态情境中让应试者较为真实地表现自己，为考官准确全面评价应试者创造了良好的条件；作为群体考官对群体应试者的团体式测评，在同一测评时间内，考官可以同时测评多个应试者多方面的素质水平，效率较高，能节约测评成本。不足之处是绝对的评价标准与相对的评价标准较容易混淆，测评题目编写难度大，对考官的专业素质要求较高。

（三）公文筐测验

公文筐测验又称公文处理测验，主要是把一组应试者置于模拟的工作情境中，完成一系列以公文为主的工作，兼备情景模拟技术和纸笔测验的优点。公文筐测验的优点有两个：一是可进行批量测试，由于公文筐测验提供给应试者的背景信息和测验材料，以及应试者的作答都是以书面形式呈现的，因此可大批量地对应试者进行测试；二是具有较高的仿真性，与领导干部的实际工作情景和工作内容很相似。公文筐测验的难点在于，测验题本编制和评判比较困难，不同的人对同一组文件的处理方法有不同的看法，在评判标准上较难统一。目前，北京、上海、福建、山东、重庆等地已经采用公文筐测验的方式，为党政领导干部竞争性选拔工作服务，提高测试测评的科学化水平。

（四）经历业绩评价

经历业绩评价又称为履历业绩评价，是将履历分析和工作业绩评价结合使用的测评手段。履历分析根据应试者填写的履历表或档案中记录的与工作、学习相关的经历，对照选拔职位所要求的内容进行量化计分。履历分析评价的是应试者之前工作的行业、单位性质、职位等与选拔职位的关联程度。工作业绩评价是对应试者在过去工作岗位上取得的工作实绩进行分析评价的过程。因此，经历业绩评价主要通过对应试者的工作经历、任职情况、教育培训、工作业绩等方面的分析，力争比较客观准确地预测和评价应试者的实践经验、专业背景、工作能力等内容，衡量其与竞争职位的匹配程度。

作为竞争性选拔工作中重要的考试测评手段，经历业绩评价的使用，既可以将其放在选拔流程的前端，作为筛选环节将缺乏与选拔职位所要求的实践经验、任职经历、专业背景，以及工作业绩较差的应试者排除在外，消除了竞争性选拔"以分取人""唯分定人"的弊端，保证了应试者拥有较为丰富的，与选拔职位相关的工作经历、实践经验和良好的工作业绩，能够顺利地进入角色并开展工作。除此之外，也可以在笔试和面试结束后实施经历业绩评价，综合笔试、面试的成绩确定进入考察范围的应试者。通过笔试和面试的应试者，已经证明其在基础知识和能力素质方面达到了选拔职位的要求，在此基础上结合经历业绩评价，则能够将实际工作能力和工作经验纳入进来，从理论水平和实践能力两个方面保证应试者与选拔职位的匹配度。

1. 山西省经历业绩评价方法

山西省在公开选拔副厅级领导干部时系统运用了经历业绩评价方法，做法非常具有代表性，同时取得了良好的收效。

第一，设计个性化的经历业绩评价指标体系。山西省在一次公开选拔工作中，涉及省直党政机关副厅局长、省直党政机关总工程师、总规划师、省直事业单位和省属高校副职四种职位。山西省根据职位特点，将选拔职位分为两类进行分别评价：一类是省直党政机关副厅局长；一类是总工程师、总规划师、事业单位和高校副职。两类职位所有评价指标都相同，但由于职位特点不同，指标具体权重需差异化设计。经历业绩评价指标体系包括评价维度、权重、评价要点和评分等次四项内容，并分别按经历和业绩两类指标进行评价，其中，经历评价占总分的 55%，业绩评价占 45%。山西省将经历评价的维度设置为行业关联度、部门关联度、职位关联度和职位特殊要求。在具体权重方面，机关副厅局长在四个维度的权重分别是 15%、30%、40%、15%，考虑到职位的特殊性，对于总工程师、总规划师、事业单位和高校副职职位，将四个维度的权重调整为 15%、30%、35%、20%；而业绩评价的四个维度分别是履职业绩、关键业绩、基础建设业绩和奖惩情况，同样，机关副厅局长在上述四个维度的权重设置为 30%、35%、25%、10%，而总工程师、总规划师、事业单位和高校副职职位则根据工作实际调整为 30%、35%、20%、15%。此外，为便于考官评价打分，山西省还进一步设计了两类职位经历业绩评价的具体说明，对观察要点、评价标准和要求做出详细说明。以机关副厅局长经历评价的维度之一"职位关联度"为例，其评价要点是管理复杂度（是否担任过重要领导职务或从事过复杂管理工作）、管理层级匹配度（是否管理过与选拔职位相接近的层级）、职责领域关联度（是否从事过与选拔职位职责相近的管理工作）、教育背景与目标职位的关联度（是否参加过与选拔职位要求一致或相近的教育培训）。

第二，系统收集相关信息。在座谈、访谈的基础上，进行全面的职位分析，深入了解选拔职位的工作职责，设计每个选拔职位的信息表。同时，根据经历业绩评价的需要，设计用于采集应试者详细经历业绩的信息表，具体内容包括基本信息、教育培训经历、专业技术职务及职业资格、工作经历、业绩详细信息、奖惩情况、在相关领域发表论文论著获得专利情况、主要社会职务及社会工作、自我评价、单位党委（党组）审查意见等内容。

第三，科学评价应试者的经历业绩。在评价专家的选择上，山西省在河北抽调了21名了解选拔职位的副厅级以上领导干部，和人力资源管理领域的专家学者组成3个评价小组。进行基础培训之后，运用体操打分法的方式对应试者的经历业绩进行科学评价，即7名专家根据评价标准分别进行打分，去掉一个最高分，去掉一个最低分，再取平均分。

2. 江苏省经历业绩评价方法

江苏省在运用经历业绩评价的方法选拔地方副厅局长时，将主要精力放在评价指标体系设计上。在查阅文献、开展座谈、实地调研的基础上，设计了初步履历分析指标体系，通过向30名厅局级干部发放问卷的方式收集建议，对指标体系的评价项目进行了修改。修改后的履历评价项目包括5个大类、15项评价内容，具体如表6-9所示。

表6-9 江苏省地方副厅局长岗位履历分析评价内容

类别	具体内容
自然状况	年龄
任职经历	职级年限
	担任领导职务情况
	多个下一级岗位经历情况
	援藏、援疆、扶贫等艰苦地区工作经历
	基层工作经历
教育经历	学历
	学位
	地厅级以上党校和行政学院培训经历
专业经历	与职位相关的专业技术职务、职业（执业资格）
	与职位相关的学历教育经历
	与职位相关的专业领域工作经历
工作业绩	工作业绩
	获国家级、省部级奖励、荣誉称号和立功情况
	最近三年获得年度考核优秀等次

在确定评价指标之后，江苏省又向省直机关 150 名左右副厅级以上的领导干部发放了调查问卷，对岗位履历分析类别和具体评价指标的权重进行了调查，并细化了评分方法，如表 6-10 所示。

表 6-10　江苏省履历项目评分方法表（示例）

项目	最大分值	评分方法
年龄	2	39~41 岁：1 分 42~45 岁：2 分 46~48 岁：1 分 其余不计分
职级年限	8	副处级 4~6 年：3 分 副处级 6 年以上：4 分 正处级 2~5 年：7 分 ……
领导职务	10	地区正职：10 分 地区副职：7 分 ……
多岗经历	9	1 个岗位：4 分 2 个岗位：8 分 3 个及以上岗位：9 分
艰苦地区经历	5	每年 1 分
基层经历	9	每年 2 分 不到 1 年：1 分
学历	5	全日制大专：2 分 全日制本科：4 分 ……
学位	4	学士：2 分 硕士：2 分
党校培训经历	4	中央党校：一次 2 分 省级党校：一次 1 分
技术资格（职务）	5	与职位相关的中级专业技术职务、职业（执业）资格：2 分 与职位相关的高级专业技术职务、职业（执业）资格：5 分

项目	最大分值	评分方法
专业教育经历	5	相关的大专教育：2分 相关的本科教育：4分 ……
专业工作经历	6	吻合：6分 相关相近：1~4分
工作业绩	12	合格：6分 良好：9分 优秀：12分
获奖情况	8	省级以上：每次2分 国家级：每次6分
年度考核	8	近三年称职：4分，每有一次优秀加3分
合计	100	

从履历评价的类别看，自然状况类 2 分、任职经历类 41 分、教育经历类 13 分、专业经历类 16 分、工作业绩类 28 分，充分体现了对任职经历和工作业绩的重视。

3. 部分省市经历业绩评价方法

目前，一些地方和部门已经开始意识到方法技术组合在考试测评工作中的重要性，做了一些有益的探索。

（1）北京市开发建立了"领导人才素质测验系统"，具体包括"领导者人格特质测评量表""党政领导人才工作价值观测评量表""党政领导人才胜任能力测评量表""领导力测评量表""心理健康与工作压力测评量表"五项心理测试工具，实现了对领导人才的多项测试。该系统开发后，广泛应用于北京市及外省市的各级党政机关，各类企事业单位公开选拔，竞争上岗等工作中，发挥了较大的作用，为干部选拔任用工作科学化提供了借鉴和参考。

（2）河北省综合运用结构化面试、无领导小组讨论、实地调研、演讲答辩等较为成熟的操作方式，适当增加了公文筐测试、角色扮演、情景模拟、心理测试等方式。

（3）山西省实行了"综合测试+经历业绩评价+岗位素质测试+党政领导干部能力测试+半结构化面试+无领导小组讨论"六位一体测评方式，逐轮遴选，综合评定。测评环节环环相扣、各有侧重、互相印证，努力把最符合职位要求的干部选拔出来。

（4）上海则开展了包括无领导小组讨论、公文筐测验、情景判断自适应测验、岗位胜任特征、心理素质等内容的评价中心技术的研发和运用。

（5）福建广泛运用了无领导小组讨论、履历业绩评价、公文筐测验、角色扮演、实地调研等测评方法技术，提高测评工作科学化水平，增强测评工作准确性。

（6）海南采用以"笔试+实地调研+无领导小组讨论+履历业绩分析"为内容的"四位一体"测评方式，笔试只考专业科目，主要采用主观开放式题型，以案例分析、情景或实务模拟为主。通过测评手段的不断创新，逐步实现了以能力素质测评为导向的选拔机制。

（7）重庆进行了结构化面试、无领导小组讨论、公文筐测验、人机对话、实地调研、情景模拟等测评技术实践，取得了一系列科研成果。

虽然各地采用了多种测评方法，但对于具体方法，如：适合测试的能力、方法技术的组合、避免重复测评等方面还缺乏深入研究，在优化组合方法技术方面仍需加强。

三、构建促进科学发展的干部实绩考核体系

在实践中，干部的"实绩"经常等同于成绩、业绩、政绩等词汇，而从理论研究的角度说，"绩效"是与"实绩"对应最紧密的。因此，对照绩效的内涵与外延，我们将领导班子和领导干部的实绩定义为：个人的履职表现和工作任务完成情况，是组织期望的、能够为实现其目标而展现在组织不同层面上的工作行为及其结果，是组织的使命、核心价值观、愿景及战略的重要表现形式（方振邦等，2015）。从我国当前领导干部考核评价的内容看，"绩"与"勤"可以归入实绩的范畴，"德"与"能"则是干部创造实绩的前置条件，而"廉"是必须恪守的红线，后三者是实绩的重要影响因素而非实绩本身。根据目前我国干部综合考核评价实施办法——"一个意见，三个办法"的规定，领导干部的实绩是通过民主测评和民意调查等方式进行考核评价的。但是，仅依靠两种方法很难将干部的全部实绩考

实考准。此外，实绩考核中还存在其他问题，如考核缺乏系统性，考核内容不能与本地的战略发展紧密相连，难于区分领导班子实绩和领导干部个人实绩，考核中会存在搭便车情况，等等。要想解决这些问题就必须实行分级分类考核，建立科学的考核指标体系，并在此基础上构建促进科学发展的领导班子和领导干部实绩考核评价体系。

（一）设计完善考核内容

根据战略性绩效管理理论的要求，干部实绩考核内容设计不能局限于干部岗位职责，而应当按照绩效层次性原理，从组织的使命和战略出发，依照组织绩效、部门绩效、个人绩效的次序进行设计，使干部实绩体现和服务于整体工作。一般可以遵循以下步骤设计体现科学发展的干部实绩考核的内容。

1. 设计体现组织战略的领导班子实绩考核内容

不论是地方党委政府还是党政工作部门，都应该在系统思考自身的使命、核心价值观、愿景和战略的基础上，把抽象的顶层设计转化为以职责为基础的工作目标，即化战略为行动。下面以某区园林绿化局为例，系统讲解如何设计体现组织战略班子实绩的考核内容。

首先，某区园林绿化局在市、区的"十二五"规划的指导下，结合自身职能和年度重点工作任务，设置了分属于利益相关者层面（结果层面）、实施路径层面（过程层面）和保证措施层面的若干个目标，运用战略地图的可视化工具将组织战略转化为具体任务，如图6-6所示。

其次，为了进一步对战略进行诠释，同时衡量某区园林绿化局领导班子的实绩，设计与战略地图相匹配的平衡计分卡。针对每个具体目标设置指标、目标值、指标类型、责任部门、行动方案等内容，通过绘制战略地图，组织实现了单一战略陈述向具体的结构化战略目标的转变；通过开发平衡计分卡，使每个目标都实现可衡量、可问责、可动态化管理并且具备资源保障。某区园林绿化局的平衡计分卡如表6-11所示。

再次，设计该局领导班子的考核量表。平衡计分卡的功能在于为衡量战略执行情况及其有效性提供依据，主要侧重于实绩的管理，而考核量表则是用来实施考核的表格。某区园林绿化局领导班子实绩考核量表如表6-12所示。

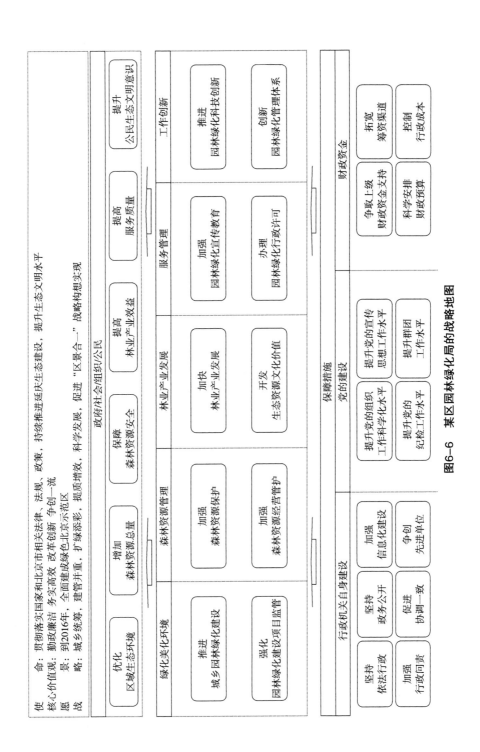

图6-6 某区园林绿化局的战略地图

表 6-11　某区园林绿化局平衡计分卡（示例）

单位名称	某区园林绿化局		分管区领导		
利益相关者层面					
目标	指标	目标值	指标类型	主管领导	责任部门
优化区域生态环境	城市绿地年增长面积	114 公顷/5 年 22.8 公顷/年	考核指标	略	略
	城市绿化覆盖年增长率	4.06%/5 年 0.81%/年	监控指标	略	略
增加森林资源总量	新增森林面积	1 196 公顷/年	考核指标	略	略
保障森林资源安全	重大森林资源灾害事件发生次数	0 次/年	减分项	略	略
实现路径层面					
目标	指标	目标值	指标类型	主管领导	责任部门
推进城乡园林绿化建设	新增造林面积	2.76 万亩	考核指标	略	略
	新增封山育林面积	6 万亩	考核指标	略	略
加快林业产业发展	年花卉种植面积	1.2 万亩	考核指标	略	略
加强森林资源保护	年林下经济发展面积	3.5 万亩	监控指标	略	略
保障措施层面					
目标	指标	目标值	指标类型	主管领导	责任部门
坚持依法行政	行政诉讼案件败诉次数	0 次/年	减分项	略	略
加强行政问责	行政问责次数	0 次/年	减分项	略	略
提升党的组织工作科学化水平	人才队伍建设工作	达标	考核指标	略	略
控制行政成本	三公经费占总支出比重	%	考核指标	略	略

表 6-12　某区园林绿化局绩效评价量表（示例）

层面	指标	目标值	满分	权重系数	得分	数据来源	评价主体
利益相关者层面	森林覆盖年增长率	2.98%/5 年 0.6%/年	100	略		园林局	绩效力

续表

层面	指标	目标值	满分	权重系数	得分	数据来源	评价主体
利益相关者层面	林业总产值	38 320 万元	100	略		统计局	统计局
	园林绿化工作群体满意度	%	100	略		统计局	统计局
	公民生态文明意识调查	等级	100	略		统计局	群体
实现路径层面	新增造林面积	2.76 万亩	100	略		园林局	绩效办
	新增封山育林面积	6 万亩	100	略		园林局	绩效办
	林地征占用行政审核、审批率	100%	100	略		园林局	绩效办
	林木采伐审核、审批率	100%	100	略		园林局	绩效办
	行政审核、审批及时性	达标	100	略		园林局	绩效办
保障措施层面	行政诉讼案件败诉次数	0 次/年	减分项	略		法制办	法制办
	行政处罚案卷合格率	100%	100	略		法制办	法制办
	信息公开及时性	达标	100	略		政府办	政府办
	各类基础数据库健全度	达标	100	略		园林局	绩效办
	行政问责次数	0 次/年	减分项	略		监察局	监察局

2. 设计个性化的领导干部实绩考核内容

领导班子绩效就是组织绩效，只有将组织绩效落到个人绩效，即领导干部身上，才能确保战略落实到组织中每个人的行动上。要实现从领导班子实绩落实到领导干部实绩，需要目标的承接、分解。首先，根据职责分工，将属于自己职责范围内的目标及指标直接承接下来，形成领导干部实绩考核内容。其次，有些目标无法依靠单个人完成，需要其他人的配合。将需要协调配合的目标根据职责分工进一步分解，落到不同的领导干部头上。再次，还要在领导干部实绩考核内容中补充未在组织绩效中但属于个人职责规定的各项目标。三类目标构成了领导干部个人的平衡计分卡，而且体现了由于分工不同产生的考核内容的差异性，实现了个性化考核，某区园林绿化局副局长的平衡计分卡如表6-13所示。

表6-13　某区园林局副局长平衡计分卡（示例）

单位名称	某区园林绿化局	直接上级	
姓名	略	职位名称	党委书记、副局长
主管（分管/协管）工作	党务工作，负责党的思想、组织、作风建设和精神文明建设、纪检监察、党风廉政建设工作		

目标	指标	目标值	指标类型	责任部门	行动方案
利益相关者层面					
优化区域生态环境	城市绿地年增长面积	114公顷/5年 22.8公顷/年	考核指标	略	略
	城市绿化覆盖年增长率	4.06%/5年 0.81%/年	监控指标	略	略
增加森林资源总量	新增森林面积	1 196公顷/年	考核指标	略	略
保障森林资源安全	重大森林资源灾害事件发生次数	0次/年	减分项	略	略
实现路径层面					
加强森林资源经营管护	林地管护面积	232.2万亩	考核指标	全局	略
加快林业产业发展	年花卉种植面积	1.2万亩	监控指标	县林业产业服务中心	略
开发生态资源文化价值	开发生态文化产品数量	1~3个	监控指标	全局	略
加强园林绿化宣传教育	年度园林绿化宣教受众人次	32万人	考核指标	全局	略
保障措施层面					
提升党的宣传思想工作水平	政治理论教育工作	达标	考核指标	政工科	略
提升党的组织工作科学化水平	班子和干部队伍建设工作	达标	考核指标	政工科	略
加强行政问责	行政问责次数	0次/年	减分项	全局	略
争创先进单位	获市级以上荣誉数量	1个/年	加分项	政工科	略

设计完领导干部的平衡计分卡后，将其中的每个考核指标汇集起来，赋予一定的权重，明确数据来源和评价主体，形成领导干部实绩考核评价量表，如表6-14所示。

表6-14　某区园林局副局长实绩考核量表（示例）

层面	指标	目标值	满分	权重系数	得分	数据来源	评价主体
利益相关者层面	城市绿地年增长面积	114公顷/5年 22.8公顷/年	100	略		园林局	绩效办
	城市绿化覆盖年增长率	4.06%/5年 0.81%年	100	略		统计局	统计局
	新增森林面积	1 196公顷/rh	100	略		统计局	统计局
实现路径层面	加强森林资源经营管护	林地管护面积	100	略		统计局	统计局
	加快林业产业发展	年花卉种植面积	100	略		园林局	绩效办
	开发生态资源文化价值	开发生态文化产品数量	100	略		园林局	绩效办
	加强园林绿化宣传教育	年度园林绿化宣教受众人次	100	略		园林局	绩效办
	加强森林资源经营管护	林地管护面积	100	略		园林局	绩效办
保障措施层面	提升党的宣传思想工作水平	政治理论教育工作	减分项	略		法制办	法制办
	提升党的组织工作科学化水平	班子和干部队伍建设工作	100	略		法制办	法制办
	加强行政问责	行政问责次数	100	略		政府办	政府办
	争创先进单位	获市级以上荣誉数量	100	略		园林局	绩效办

（二）合理选择评价主体

在设计领导干部实绩考核体系时，一定要注意评价主体与评价内容的匹配。一方面要根据"知情原则"确定干部实绩考核主体。从理论讲，如果考核主体对考核对象的实际情况不知情或者了解不全面，难以保证考核结果的真实性和准确性。因此，开展实绩考核工作时，要充分考虑因考核主体选择造成的评价误差问题，并根据"知情原则"将真正了解被考核者岗位职责、任务要求、日常表现和工作实绩的人纳入考核主体范围中来。另一方面要扩大考核民主。民主是政治文明发展的客观要求，是干部人事制度改革的基本价值取向，而干部的工作又主要是为广大群众服务的，群众作为服务对象最清楚干部服务水平的高低，因此，考核干部的工作一定要突出服务导向，要让群众作为考核主体对干部的工作进行考核。

（三）科学设定考核周期

要坚持定期考核和日常考核相结合，建立干部实绩档案。对干部的观察和考核是一项长期的工作，只进行定期考核或日常考核都是不够的，要把两者有机结合起来，要把干部的表现记录在案，建立干部实绩档案数据库，做到对干部选拔任用时有案可稽。在日常考核中，要加强对专项任务尤其是对领导干部在承担急、难、险、重任务时的表现进行考核，以进一步了解其德才表现。同时，也要把专项考核的结果记录在案。

（四）加强实绩分析

根据 2009 年下发的"一个意见三个办法"中的规定，实绩分析主要通过分析领导干部实际工作结果转化形成的量化数据，实现综合考核评价领导干部的目的。对于地方党政领导班子和领导干部来说，实绩分析的重点在于通过分析当地经济社会的发展情况，考察领导班子和领导干部的工作思路、投入、成效，以及落实科学发展观的相关情况；对于党政工作部门领导班子和领导干部来讲，实绩分析的重点在于通过上级、下级、同级、群众以及自我评价，对领导班子和领导干部的履职情况和工作完成情况进行总结评价。加强实绩分析既是从实绩看德才、凭德才用干部的实现形式，也是引导领导干部牢固树立科学发展观和正确政绩观的重要手段，同时又为人民群众广泛参与和监督干部考察工作提供了有效途径。要加强实绩分析，注重区分潜绩和显绩，个人贡献和集体作用，主观努力和客观条件，当前政绩和长远影响。通过实绩分析，把潜在的业绩和当前取得的明显业绩区分开来，把个人真正的实绩和因集体作用和客观条件产生的实绩分离开来，把个人的当前政绩和造成长远影响的利弊判断出来，可以增强干部实绩考核的准确性。

加强实绩分析要做好三方面的工作：第一，加大政策宣传力度，实施系统的政府绩效管理专题培训，引导党政干部树立正确的绩效观，促使组工干部提高专业技能和业务水平；第二，加强基础研究工作，按照分层分类的原则，在全国范围内探索建立符合科学发展要求的具有权威指导意义的政府绩效评价指标体系；第三，整合利用国外的先进经验或技术，建立起切实可行、便于推广的绩效评价量表设计模式以及绩效管理运行办法。

（五）推行实绩公示制度

应当建立实绩公示制度，对拟任干部的年度实绩考核结果和日常实绩考核结果进行任前公示，使普通干部群众知晓拟任干部的工作实绩状况，落实干部群众的知情权和监督权，并及时对群众在实绩公示期内反映的问题做出反馈，杜绝实绩造假的可能性，提高党的选人用人公信度。

（六）加强绩效监控

在科学设定工作目标和具体任务之后，为了保证绩效结果与绩效计划的一致，就必须利用有效的手段对绩效实施情况进行监控。因此，加强实绩取得过程的监督是保障党政领导干部的行动与组织战略和任务目标始终协调一致的重要手段。党政领导干部绩效监控的内容要紧紧围绕考核内容设计，将每项具体工作按时间划分为不同阶段。时间的划分可以根据工作性质和实际需要灵活调整，既可以以月为单位，也可以以季度或半年为单位。在每个时间节点上，上级领导要对这一阶段的目标完成情况进行考核，对存在的问题予以指导和解决，从而保证绩效目标的顺利实现。过程考核的结果也要记录在案，与年度考核结果一起作为党政领导干部绩效考核结果的依据。表6-15是某区园林绿化局副局长的季度绩效监控表。

表6-15　某区园林绿化局领导班子个人季度绩效监控表（示例）

所属单位	园林绿化局	职位	副局长	姓名	

层面	目标	具体完成工作任务（内容）	指标完成情况			存在问题	对策
			指标	年目标值	累计完成值		
利益相关者	增加森林资源总量		新增森林面积	1 196公顷/年			
实现路径	加强森林资源经营管护		林地管护面积	232.2万亩			
	加快林业产业发展		年花卉种植面积	1.2万亩			

续表

所属单位	园林绿化局	职位	副局长	姓名	
保障措施	提升党的宣传思想工作水平		政治理论教育工作	达标	
	加强行政问责		行政问责次数	0次/年	
	争创先进单位		获市级以上荣誉数量	个	
其他工作	1.				
	2.				
汇报人签名			汇报日期	年 月 日	

（七）确保考核结果应用落实到位

"从实绩看德才，凭德才用干部"，对干部德才专项考核主观性较强且易受干扰，需要客观证据的佐证才能判断考核结果的可靠性，这些佐证材料应当来自对工作实绩的分析。基于工作实绩分析考察对象的德才素质涉及两方面内容：一方面，要联系能够反映干部德才素质的实绩内容考察干部的德与才；另一方面，要考核干部在提升德才素质方面的工作表现和成绩。除此之外，实绩分析应当将重点放在实绩考核结果的信效度分析上，而不是在其他考核方式获取的考核材料基础上对实绩进行二次评价。二次评价可能造成对原有考核结果的歪曲，也不符合绩效考核的科学原理。但是，可以基于拟任职位要求通过实绩分析环节合理选择和运用既有考核结果，如界定哪些考核结果可用于分析干部的德才素质。

四、丰富和完善考察的方法和手段

在竞争性选拔的考察工作中，要全面考察领导干部德能勤绩廉的表现，但要以对干部德的考察和避免干部考察失真失实为重点。

（一）完善干部德的评价标准和考察办法

德的考察内容主要涉及考察人选的政治品质和道德品行两方面。《干部任用条例》也对考察方法进行了细致规定。但是，如何科学设定考德内容，有效运用考德的方法和手段，增强对德的考察的针对性和准确性，仍然是当前面临的一大难题。

为了完善干部德的评价标准和考察办法，在总结各地各部门对德的考察经验做法的基础上，本书认为要从两个方面入手：一是要探索和完善正向测评与反向调查相结合的方法，细化和量化德的考核内容。在正向考评中要加大对德的考核的量化力度，把政治品质和道德品行细化为具体的考核指标，并对指标赋予不同的权重和分值，进行量化测评。在对德的反向考评中，要科学设定德的反向测评内容和指标，对从考评中反映出来的问题，进行重点了解，认真核实，对群众反应激烈的突出问题要实行"一票否决"，对"大德有亏"的干部坚决不予提拔重用。二是将考察范围延伸到工作外，全方位、立体化地从生活、社交等其他渠道了解干部德的表现。

（二）避免干部考察失真失实

对于干部考察失真失实，尤其是异地考察失真失实问题，建议采取四个方法解决。

第一，建立健全干部考察制度建设。干部考察工作是一项十分严肃的工作，其结果不仅关系到考察对象的个人仕途，也关系到其能否胜任新的工作岗位，为国家发展和社会进步做出应有贡献。首先，应建立健全考察责任追究制度，对于考察过程中为了一己私利导致考察结果失真失实的，要严肃追究考察者的个人责任。其次，应有效落实干部廉政报告制度。一方面要严格执行廉政报告制度，对于违反规定的要严肃处理；另一方面考察对象所在单位的主要领导要对考察对象廉政报告的真实性负责，如若出现把关不严、结果有误等情况，要追究责任。各级党委、政府及纪检监察机关也要履行好自身职责，加强对考察对象廉政报告情况的监督检查，确保准确无误。

第二，提高干部考察队伍专业化水平。干部考察队伍的专业化水平与考察结果的有效性息息相关。提高干部考察队伍的专业化水平可以从两个方面着手，双管齐下。首先是严把入口关，注重对考察者个人素质和业务能力的全面综合评价，将个人素质高、业务能力突出的干部吸纳到考察队伍中来。其次是做好考察队伍的教育培训工作，就考察时用到的方法技术提供针对性的培训，提高考察者对考察结果的综合分析能力。

第三，优化干部考察机制设计。从干部考察队伍的人选看，要贯彻落实知情原则，确保参与民主测评和个别谈话的考察者，对考察对象有比较充分和全面的了解，从而利于做出准确的评价和判断。从考察方式选择看，要注重与平时考核相结合。一般而言，考察对象的平时考核会更为细致，在工作态度、能力表现和业绩结果方面也更为明确和具体。因此，要重视平时考核在考察中的有效运用，将平时考核与干部考察相结合，提高干部考察结果的真实性。

第四，营造良好的干部考察参与氛围。首先，要在干部考察过程中充分发扬民主，提高考察中的群众参与度。在坚持知情、关联和责任三原则的基础上，确定参与考察人员的范围，涵括所在单位人员、工作相关单位人员、上下级、同事、服务对象等相关知情人员。其次，要按照随机性、广泛性、针对性等原则，合理选择考察者，既听取谈话对象的意见，又考虑其他群众的意见，力争做到兼听则明。而且，还要积极营造一种讲真话、讲实话的考察氛围。不仅要广开言路，积极听取群众对于考察对象的意见，还要采取做好保密工作等手段，促进广大群众敢讲真话。

此外，还有一些其他渠道有利于提高干部考察工作中的真实性。如合理安排一些暗访，将暗访所获得的有关信息与正式考察所获得的信息进行相互印证，从而提高考察结果的真实性。而且，还可以以巡视工作为契机，将巡视中获得的相关信息记录在案，以备干部考察时使用。

五、探索考试、考核、考察结合的有效路径及措施

将考试、考核、考察三者本身的问题解决好，是实现"三考"有机结合的前提，在此基础上，要从三个方面做好三考结合的相关工作。

第一，同等重视三考在竞争性选拔中的地位和作用。很多地方在开展该项工作时存在重考试、轻考核考察的错误倾向，在一定程度上阻碍了三考有机结合。竞争性选拔是一个完整的过程，不是以考取人，考试只是选人用人的一个环节而已，要想选准人、用好人还要重视考核和考察的作用。考核的结果可以运用到竞争性选拔的具体过程中，可以用在报考资格设置、经历业绩评价和考察的实绩分析等程序环节中。在竞争性选拔中，考察的地位同样非常重要：考察是全方位的，任用一个干部要充分考虑和权衡其工作和生活的各方面，如果考察工作做不好，竞争性选拔的工作必然也做不好。因此，一定要将考试、考核、考察作为竞争性选拔干部的重要组成部分，予以同等重视。

第二，在选拔程序设计上体现考试、考核、考察相结合。在竞争性选拔的程序设计上，考试和考察都是必经的重要环节，两者结合是必然的。要想在选拔程序设计上体现"三考"结合，关键是如何把考核在选拔程序设计上体现出来。具体方法如下：一是将考核置于竞争性选拔流程的前端，作为选人用人的第一道关口。要在资格条件设置时对考核结果提出明确要求，在近

几年内年度考核达到良好以上的人才能报名，保证只有在本职工作上取得优异绩效的干部才有资格参加竞争性选拔，从而树立注重实绩的导向。二是在考试测评环节增加经历业绩评价，通过对应试者的工作经历和工作业绩等方面的分析，客观准确地预测和评价应试者的实践经验、专业背景、工作能力等内容，衡量其与竞争职位的匹配程度。三是在考察中突出实绩分析的作用，力争做到从实绩看德才，实现考核与考察的结合。

第三，注重考试、考核、考察结果的综合运用。在党委（党组）讨论决定时，考试分数、考核结果、考察结果都是选人用人的重要参考，绝对不能在竞争性选拔中出现"重考试，轻考核、考察"的情况，而应在综合考虑分析"三考"结果的基础上决定最合适的人选，加强对"三考"结果的综合运用。

第六节　加强竞争性选拔的后续管理

竞争性选拔工作的后续管理主要体现在对两类干部的区别化管理上。对于通过竞争性选拔担任新职位的干部，管理的重点在于帮助其尽快适应角色；而对于入围考察但未得到任用的干部，建立良好的沟通反馈机制和人才储备计划则是重中之重。

一、对上岗干部的管理

（一）加大培训和锻炼力度

为了使上岗干部尽快适应角色，组织人事部门应该会同上岗干部所在单位共同制定有效的培训方案与锻炼计划，而且所在单位要切实承担培训主体责任。从组织（人事）部门的职责讲，应该把培训重点放在岗前培训上，而且要聚焦在政治思想教育和领导力开发上；而从所在单位的角度说，应该把培训重点放在专业培训和适应新的工作环境上。同时，可以探索实行由经验丰富、工作能力强的领导干部与上岗干部结成对子，帮助其较快熟悉单位情况和工作内容。

（二）实施跟踪考察

各地组织部门可以探索建立干部库，把历次通过竞争性选拔脱颖而出的干部纳入进来，采用定期与不定期相结合的方式，通过个别谈话、举办座谈、深入所在单位调研等手段，对其政治思想动态、工作适应情况、绩效表现等方面进行跟踪考察。同时要与上岗干部所在单位的领导保持密切沟通，及时了解相关信息。对发现的问题要及时解决，对于多次跟踪考察仍然不胜任的干部要及时调整岗位，实现干部能上能下，从而促进灵活的充满活力的干部机制的形成。

二、对入围考察但未上岗干部的管理

一方面，组织人事部门要建立良好的沟通反馈机制，在做出任用决策之后及时向未上岗的干部反馈信息，告知其落选原因，同时予以心理上的慰藉与鼓励，以避免未上岗干部由于落选产生消极情绪，进而影响本职工作或对竞争性选拔产生不正确的看法。另一方面，将入围考察的干部纳入干部库，作为优秀人才或后备干部进行管理。一般来说，能够在竞争激烈的资格审查、笔试、面试中脱颖而出进入考察环节，都是各方面比较优秀的干部。因此，将其纳入干部库中进行储备，既可以实现综合运用竞争性选拔工作结果的目的，也可以为发现和利用人才打下基础。

第七节　加大队伍建设力度

专家队伍水平的高低是直接影响竞争性选拔工作能否顺利开展的重要因素。针对当前队伍建设方面存在的诸多问题，各地必须要加大队伍建设力度，具体要做好三方面的工作。

一、建设结构合理的专家队伍

第一，在组建结构合理的专家队伍时，要关注领导干部和专家学者的比例。比如，在命题专家队伍里，既要从相关专业领域邀请专家学者以保证试题的专业性，又要从熟悉选拔职位工作的领导干部中抽调，确保试题紧贴工作实际；在阅卷专家队伍里，既要包括一定比例的参与命题的专家，同时为了提高效率、节省成本，在做好培训工作的基础上，也可以将负责考试测评工作的人员纳入进来；在面试考官队伍里，要根据选拔职位的特点，既要有懂考试测评的专家学者，也要有实践经验丰富、熟悉相关工作的领导干部，必要时还可以邀请外地考官、"两代表一委员"以及群众考官。

第二，组建结构合理的专家队伍，要做到专兼结合。专家队伍中既要有长期从事竞争性选拔工作的专职人员，也要有包括专家学者、高级领导干部

在内的兼职专家。在小规模开展竞争性选拔工作时，可以主要依靠专职人员的力量，从而达到节省成本、提高效率的目的；而在大规模选拔干部时，则需要专兼结合、通力合作，以满足竞争性选拔工作的需要。

二、加强专业培训

要加大对三类专家的培训力度，一方面可以组织定期与不定期相结合的研讨会、座谈会，促进专家之间的交流沟通；另一方面要开展对考试测评方面新理念、新技术的专业培训，可以邀请相关学者对专家队伍进行专题培训，保证三类专家在业务领域始终紧跟先进技术的步伐，并在实践中学以致用。除此之外，在有条件的情况下，还要加强跨地区、跨部门的专家之间的互动，分享经验、互通有无，不断提高业务能力和工作水平。

三、加强动态管理

为了提高三类专家的公认度和整体素质，要建立竞争性选拔专家库，并推行资格认证机制。三类专家只有通过不断学习才能获得认证，才有资格从事命题、阅卷等工作。同时，要设立认证资格的有效期，过期之后需要重新参加认证资格考试，对于未获得认证的专家要调整出专家队伍，从而在专家队伍中树立不断学习、持续进步的良好导向。另外，对于明显不胜任的，屡次出现重大失误的，存在严重问题的专家要及时淘汰，并根据专家队伍的结构和现实工作的需要，补充相应的专家进入专家库，从而保持专家队伍的开放性和灵活性。

第八节　提高效率、降低成本

一、建立统分结合的联动选拔机制

探索建立统分结合的联动机制，以增强竞争性选拔工作的规范性和计划性，显著缩短工作周期，降低选拔成本，提高工作效率。在不改变干部管理权限的前提下，省、市、县可协调一致，采取有统有分、统分结合的方式，建立联动选拔机制，联动开展竞争性选拔工作选拔干部。在具体操作上可实行"五统五分"，"五统"：统一组织领导、统一时间安排、统一程序要求、统一组织命题、统一发布公告和结果；"五分"：分别确定选拔职位和报考条件，分别组织报名和资格审查，分别组织笔试和面试，分别组织考察，分别决定任用。

各地、各部门在统分结合的联动选拔机制方面也做了很多探索。辽宁省在公开选拔工作中坚持"五统四分"，即省里统一动员部署、统一发布公告、统一命制笔（面）试题、统一部署组织考察、统一公布结果。各地、各单位灵活组织实施。浙江省则实行联动（合）公选，即省市、省市县或市县，通过统一命题、统一笔试、统一面试，分别考核、分别任用的形式，组织开展竞争性选拔。联动（合）公选时间比较集中，推出的职位数量比较多，覆盖机关、企事业等不同性质、不同层次的岗位，在形成规模效应，合理配置干部资源，实现职位全覆盖，节约工作成本上发挥了积极作用，同时变"各自为战"为统筹安排，消除了各单位之间的标准、程序、进度不统一的无序现象，有利于公选工作规范化、常态化。四川省也在公开选拔工作中采用了统一公告、统一标准、统一命题和测试、统一程序、统一公布结果的模式。

二、规范竞争性选拔的程序

从时间成本的角度说，规范竞争性选拔的程序能够有效缩短选拔周期。第一，通过对各种选拔方式基本程序的规范，保留核心程序，剔除不必要的程序，能够有效减少时间浪费。尤其要通过设计主要选拔方式基于不同情境下的程序库，为各地在开展竞争性选拔时提供参考，进而达到规范选拔流程，缩短环节与环节之间的时间间隔的目的。第二，规范考试测评环节采用的方法技术，减少由于测评方法复杂或重复测量造成的成本。

三、强化竞争性选拔的结果应用

强化竞争性选拔结果应用的切入点，在于对通过考试测评人选的使用和培养上。一方面，对于入围考察但未上岗的干部，如前所述，要纳入后备干部库，关注其发展和使用情况，在一定时期内（如一年）如果有合适的岗位空缺，可以优先考虑在这些人当中选择，以减少再运用竞争性选拔方式选拔干部所需要的成本。另一方面，可以探索资格考试制度。在一定范围和时限内，竞争性选拔参与者只需要通过一次考试即可获得相应的资格，不用再次参加笔试，直接进入竞争性选拔的下一环节。这种做法可以降低考试试题命制、阅卷及组织成本。但需要注意的是，资格考试制度只适用于通用素质的测试，对于专业性较强的职位并不适用。一般来讲，各地、各部门组织的通用素质测试大同小异，区别度不高。因此，参加者只需提供近期参加竞争性选拔笔试的成绩，即可证明其具备了基本的通用素质，实现一次结果多次使用，有效降低选拔成本。

第九节 其他

一、加强竞争性选拔的制度建设

从文献资料中看，各地、各部门对选拔时间频率的确定，适用职位的选取，选拔方式的选择，程序环节的设计，等等，都具有很大的随意性。当前竞争性选拔工作中存在的许多问题，都与制度约束力度不够和缺乏统一的刚性要求有关。由此要求我们必须加强制度建设，尽快实现竞争性选拔干部工作的制度化、常规化、常态化。

（一）严格执行和遵守相关法律法规

在开展竞争性选拔时必须严格执行和遵守相关的制度规范，包括《公务员法》《干部任用条例》，两个《暂行规定》等，特别是新修订的《干部任用条例》。新条例对开展竞争性选拔时的原则、资格条件设置、选拔范围、程序等内容进行了更加细致和严格的规定。这些新的规定不仅规范了竞争性选拔工作，也在某种程度上避免了该项工作中存在的漏洞和问题。因此，要严格执行相关法律法规，确保相关工作于法周延、严格规范。

（二）制定竞争性选拔干部工作指导性意见

应该从中央层面尽快制定和出台相关的指导性文件，对竞争性选拔的内涵及构成要件、适用范围、职位选取、资格条件、选拔程序、考试测评、组织考察、决定任用等内容和环节进行规范，使各地在实际操作中有据可查、有法可依，确保各项工作的规范运行。两个《暂行规定》已经颁布实施了近十年，尽管积累了不少成功的经验，但随着形势的发展，各地、各部门的干部选拔任用工作情况也发生了很大变化，从实践看，两个《暂行规定》中的一些内容已经不能很好地对当前竞争性选拔工作进行指导，应对其进行修订与完善，并适时出台公推公选、公推竞岗办法，对开展竞争性选拔工作的基本原则、适用情形、比例要求、主要程序、选拔方式等做出明确规定。在出台或修改相关法规时，应特别注意既要做出清晰明确的规定，也要给地方留下一定的操作空间，方便地方根据自身实际情况开展工作，最终建立健全科学合理、规范高效的工作机制。

（三）建立竞争性选拔工作质量的评价反馈机制

建立竞争性选拔的评价反馈机制，对竞争性选拔工作质量进行评价，是帮助相关机构不断提高其工作科学化水平的有效途径。在进行评价时，要重点解决四个问题，一是评价主体，即谁来评价；二是评价内容，即评价什么；三是评价时间，即何时评价；四是结果运用，即如何有效利用评价结果。

有多个主体能够对竞争性选拔工作质量进行评价，如用人单位、干部群众、专业评价机构、组织（人事）部门和应试人员等。在具体评价过程中，需综合考虑各评价主体的特点和优劣势，根据实际情况进行合理选择。在实际工作中，要注意选取多个评价主体共同参与，以便从多个视角对竞争性选拔工作质量进行评价，并将评价结果互相印证。在选择评价内容时，重点要评价上岗干部的工作表现；竞争性选拔工作的过程和结果，选拔的成本效率和上岗干部未来成长发展状况，也是评价竞争性选拔工作质量的重要内容。在进行评价工作时，应使评价内容尽量涵盖上述方面，多维度、多层次地了解和评价竞争性选拔工作的质量，促使相关工作不断改进。此外，还要根据具体评价内容确定合理的评价时间，并有效运用竞争性选拔工作质量的评价结果。

二、加大竞争性选拔纪律监察力度

完善的纪律监察机制是有效避免竞争性选拔工作中，各种不正之风和不正当行为的有力武器，也是切实提高干部群众对该项工作认可度的重要抓手。因此，强化竞争性选拔的监督力度，构建全方位的监督体系尤为重要。

（一）构建全方位的监督体系

构建全方位的监督体系要求各地在开展竞争性选拔工作时，要坚持内外部监督主体的协调一致、创新监督方式，以及在各环节上采取全流程监督。从监督主体说，内部的监督主体以组织（人事）部门和纪检监察部门为主，外部的监督主体则包括媒体、"两代表一委员"等相对独立的、无利益相关的单位和个人。从监督方式讲，要疏通信访、电话、网络"三位一体"的群众监督举报渠道（刘少华，2012），采用多种方式切实保障监督有效落实。全流程的监督是指将事前与事后的监督贯穿于竞争性选拔工作的各环节，以确保该项工作的公平合规。比如，在竞争性选拔开展之前，要将相关的纪律予以明确，使广大干部群众做到心中有纪律，行为有规矩；在资格审查阶段要对弄虚作假、伪造材料的行为做出明确的处罚规定；在考试阶段，要对作弊、泄题等行为严肃处理；在考察阶段，要坚决遏制打招呼、说人情、诬告陷害等不正之风；同时，也要对组织（人事）部门的失察失误、违反相关规定的行为追究责任。

（二）加强信息公开和民主参与

信息公开和民主参与是遏制竞争性选拔工作中选人用人不正之风的有效手段，也是做好纪律监察工作的必由之路。首先，要将信息公开贯穿于竞争性选拔的全流程。在发布公告时，要把与职位相关的各类信息、竞争性选拔的详细流程等基本问题向社会公开；在面试环节，要鼓励通过网络直播、电视直播等形式将选拔过程公开，将应试者的表现全面呈现在广大干部群众面前，有效压缩打招呼、说人情的空间；在每个关键的筛选环节，要将诸如考试成绩、面试排名等重要结果向社会公示，切实提高选拔工作的透明度和公平性，杜绝一切暗箱操作的可能。其次，要进一步扩大民主参与。让广大干部群众参与竞争性选拔工作，是规避各类风险的重要举措。一般而言，可以通过在民主测评或民主推荐时听取意见，在考察干部时听取干部群众的反馈等渠道扩大民主参与，但在竞争性选拔工作中，最有效的方式是邀请群众担任面试考官。这种做法不仅能够对竞争性选拔起到监督作用，而且由于是全程参与并打分，能够把群众的意见反映在选拔结果上，也能够切实提高干部群众对竞争性选拔的认可度。

参考文献

［1］安世银. 坚持以德为先选用干部研究［M］. 济南：山东人民出版社，2012.

［2］包国宪，周云飞. 英国政府绩效评价实践的最新进展［J］. 新视野，2011（1）：88-90.

［3］陈传伟，石树林. 公开选拔党政领导干部制度体系分析［J］. 学术论坛，2011（11）：51-54.

［4］陈凤楼. 中国共产党干部工作史纲（1921-2011）［M］. 北京：党建读物出版社，2012.

［5］陈家喜. 干部公选与执政党组织路线的转型［J］. 哈尔滨工业大学学报（社会科学版），2012（3）：14-19.

［6］陈乃霞，马建勇. 探索竞争性选拔干部新机制［J］. 党建研究，2011（10）：38-39.

［7］陈哲娟. 履历业绩评价方法在党政领导干部竞争性选拔中的应用［J］. 中国人力资源开发，2012（3）：51-54.

［8］陈振明. 转变中的国家公务员制度：中西方公务员制度改革与发展的趋势及其比较［J］. 厦门大学学报，2001（2）：71-79.

［9］邓献晖. 干部选拔工作中的民主推荐及其改进［J］. 中共中央党校学报，2012（1）：53-57.

［10］邸乘光. 中共十一届三中全会以来干部选拔路径的演变［J］. 理论学刊，2013（3）：24-29.

［11］丁纯. 如何提高竞争性选拔干部的工作质量［J］. 领导科学，2012（3）：4-6.

［12］段华洽. 完善党政领导人才选拔任用机制的三个方向：制度化、民主化、科学化［J］. 中国行政管理，2011（3）.

［13］范锐平．把好干部育出来、选上来、用起来［J］．求是，2013（19）：35-36.

［14］方振邦，陈曦，唐健．国外高级公务员绩效考核：比较与启示［J］．云南社会科学，2015（6）：24-30.

［15］方振邦，陈曦．党政领导干部选拔任用［M］．北京：中国人民大学出版社，2019.

［16］方振邦，陈曦．干部竞争性选拔：发展历程、存在问题及解决对策［J］．中国行政管理，2015（12）：6-9.

［17］方振邦，陈曦．绩效管理［M］．北京：中国人民大学出版社，2015.

［18］方振邦，陈曦．竞争性选拔工作中的考试、考核、考察问题研究［J］．公共管理与政策评论，2015（2）：55-62.

［19］方振邦，葛蕾蕾，罗海元．构建促进科学发展的领导干部实绩考核体系［J］．国家行政学院学报，2013（3）：33-38.

［20］傅兴国．努力提高竞争性选拔公务员的科学化水平［J］．中国党政干部论坛，2011（9）：12-14.

［21］高阁．公推公选中存在的问题及其对策研究［J］．中国人力资源开发，2008（7）：87-91.

［22］高建慧．竞争性选拔县（市）区政府正职的探索［J］．领导科学，2012（3）：6-7.

［23］龚建桥，周益川，陈志远等．竞争性选拔制度运行现状与改进［J］．特区实践与理论，2012（1）：52-55，1.

［24］龚建桥．公务员竞争性选拔制度变迁分析［J］．开放导报，2012（3）：30-33.

［25］龚永爱．竞争性选拔干部的实践探索［J］．重庆社会科学，2011（1）：27-29.

［26］谷向东，李铮．党政领导干部竞争性选拔中考官评分者信度研究［J］．中国人力资源开发，2012（7）：43-46.

［27］郭波．竞争性选拔干部质量提升的困境及应对［J］．上海党史与党建，2012（8）：17-20.

［28］郭庆松．领导干部公开选拔：价值理性与工具理性的双重考量［J］．

国家行政学院学报，2011（4）：55-59.

［29］郭庆松．领导干部公开选拔实施中存在的问题及对策［J］．中国行政管理，2010（7）：80-83.

［30］郝玉明．改进竞争性选拔干部方式范围研究［J］．中国劳动关系学院学报，2014（6）：78-81.

［31］何龙群，陈媛．公选任用领导干部制度的社会性别思考：以广西公开选拔厅级领导干部为例［J］．广西民族大学学报（哲学社会科学版），2010（2）：187-191.

［32］何龙群．广西公开选拔厅级领导干部的历程及经验［J］．广西社会科学，2010（2）：17-21.

［33］洪自强，陈卫旗，严进．领导干部选拔面试：2004年主要进展及今后发展趋势［J］．中国行政管理，2005（5）：60-63.

［34］胡安元．降低竞争性选拔干部负效应的建议［J］．领导科学，2011（3）：38-39.

［35］胡赣江．怎样构建科学的公选机制［J］．中国党政干部论坛，2014（3）：58-61.

［36］胡宗仁．竞争性选拔的制度属性、逻辑起点及效用分析［J］．江海学刊，2009（2）：111-115，238.

［37］胡宗仁．竞争性选拔制度的功能分析［J］．江苏行政学院学报，2009（6）：99-104.

［38］胡宗仁．三位一体的竞争性选拔民主［J］．江苏行政学院学报，2013（5）：80-84.

［39］黄卫成．竞争性选拔干部若干实践问题探析［J］．唯实，2011（2）：87-90.

［40］吉林省委组织部课题组．关于完善公开选拔党政领导干部制度及相关问题的研究报告［J］．社会科学战线，2002（6）：245-249.

［41］姜泽洵，李维，李兵，等．竞争性选拔干部工作难点问题研究［J］．党建研究，2011（3）：21-23.

［42］江泽民．江泽民文选：第3卷［M］．北京：人民出版社，2006：51.

［43］金晓钟．建立健全中国特色的公开选拔任用干部机制［J］．理论

前沿，2003（10）：38-39.

[44] 兰大贤．完善和优化竞争性选拔干部［J］．岭南学刊，2013（5）：53-56+73.

[45] 兰大贤．完善竞争性选拔干部方式的五点思路［J］．理论探索，2013（2）：37-39.

[46] 蓝志勇，魏明．领导干部公开选拔：制度演进、方法创新与未来发展［J］．天津行政学院学报，2013（6）：28-32.

[47] 雷邦贵．提高竞争性选拔干部工作的科学化水平［J］．党建研究，2012（5）：36-37.

[48] 雷强．中国领导干部选拔任用制度研究［M］．北京：国家行政学院出版社，2014.

[49] 李春玲．社会政治变迁与教育机会不平等：家庭背景及制度因素对教育获得的影响（1940—2001）［J］．中国社会科学，2003（3）：86-98，207.

[50] 李国华．提高干部选拔任用工作科学化水平［J］．党建研究，2009（9）：45-47.

[51] 李俊斌，陈跃．公推直选基层领导干部的实践困境及完善思路［J］．领导科学，2015，（8）：39-41.

[52] 李连华，王桂胜．基于模糊综合评价法的领导干部公开选拔研究［J］．新视野，2015（4）：79-82.

[53] 李烈满．健全干部选拔任用机制问题研究［M］．北京：中国社会科学出版社，2005.

[54] 李路，王若凡．深入推进国有企业干部竞争性选拔［J］．经营管理者，2013（19）：113.

[55] 李民．干部选拔任用制度的历史考察［J］．重庆社会科学，2011（1）：24-27.

[56] 李民昌．提高党政领导干部竞争性选拔公信度的路径探析［J］．领导科学，2010（26）：4-6.

[57] 李木洲．公开选拔党政领导干部制度研究综述［J］．理论月刊，2011（2）：75-78.

[58] 李木洲．试析公开选拔党政领导干部制度面临的十大困境［J］．

理论与改革，2011（2）：44-47.

[59] 李朋波，郝瑾．竞争性选拔考试环节有效性研究：相关者评价的视角 [J]．中国人力资源开发，2014（16）：55-63.

[60] 李朋波．基于人—岗匹配理论的竞争性选拔原理研究 [J]．中国人力资源开发，2014（14）：54-60.

[61] 李西泽，崔丽娜．当代我国转型时期社会分层现象应对初探 [J]．学术探索，2013（1）：38-43.

[62] 李锡炎．竞争性选拔干部方式的理论内涵和科学定位 [J]．社会科学研究，2012（4）：35-39.

[63] 李又才，周莉．当前领导干部公开选拔与竞争上岗中的问题及对策 [J]．武汉科技大学学报（社会科学版），2011（3）：288-292.

[64] 李玉民．论公开选拔领导干部对干部队伍建设的意义 [J]．理论前沿，2002（24）：22-23.

[65] 李章泽．由公选引发的制度性思考 [J]．人民论坛，2009（1）：34-35.

[66] 梁俊杰．完善竞争性选拔干部方式研究 [J]．领导科学，2011（27）：40-42.

[67] 梁丽芝，莫俊．公开选拔领导干部制度价值理念的制度体现及其提升路径 [J]．湖南科技大学学报（社会科学版），2014（1）：80-86.

[68] 梁丽芝，莫俊．基于 SWOT 分析的公开选拔领导干部制度的影响要素探析 [J]．湘潭大学学报：哲学社会科学版，2012（6）：8-11.

[69] 梁丽芝，韦朝毅．公开选拔干部制度的制度变迁与发展趋势 [J]．中国行政管理，2010（3）：70-74.

[70] 梁丽芝，韦朝毅．我国公开选拔领导干部制度的发展与完善 [J]．湘潭大学学报（哲学社会科学版），2010（1）：5-9.

[71] 梁丽芝．公开选拔领导干部制度改革和完善的路径选择 [J]．求索，2014（5）：84-88.

[72] 梁丽芝．公开选拔领导干部制度绩效评价：内涵、本质与功能 [J]．中国行政管理，2013（1）：68-71.

[73] 梁玉萍，张敏．公务员多元化选拔方式评析 [J]．理论探索，2021（1）：112-115.

［74］廖奠坤．竞争性选拔干部认识误区及规避路径［J］．领导科学，2012（21）：45-47．

［75］廖平胜，何雄智，梁其健．考试学［M］．武汉：华中师范大学出版社，1988．

［76］凌云．合肥市竞争性选拔领导干部的实践与思考［J］．中国人力资源开发，2011（3）：76-77，106．

［77］刘华军．加大竞争性选拔干部应注重把握四个环节［J］．现代人才，2010（5）：34-35．

［78］刘兰芬．公开选拔领导干部的制度化建设［J］．中国行政管理，2001（10）：6-7．

［79］刘少华．对改进竞争性选拔干部工作的思考［J］．领导科学，2012（28）：42-44．

［80］刘学民，王文成．竞争性选拔基本模式研究［M］．北京：人民出版社，2013．

［81］刘学民．市县竞争性干部选拔考评工作存在问题及其对策［J］．中州学刊，2015（5）：16-19．

［82］刘晔华．鼎新革故：公开选拔的制度资源分析［J］．中国行政管理，2001（9）：5-7．

［83］龙秀雄．完善公开选拔领导干部的工作［J］．党政论坛，2013（2）：54-57．

［84］陆晓光，朱东华．基于案例推理的领导干部公选职位分析［J］．经济与管理研究，2015（7）：106-110．

［85］陆晓光，朱东华．基于胜任特征的领导干部公选模型研究［J］．管理世界，2013（7）：1-5．

［86］陆正方．创新干部选用机制 促使人才脱颖而出：徐州市"公推公选"干部试点工作的思考［J］．求是，2004（11）：32-33，35．

［87］罗中枢．深化干部人事制度改革：历史·现实·路径［J］．四川大学学报（哲学社会科学版），2010（5）：5-11．

［88］麻宝斌，仇赟．中国竞争性选拔干部制度变迁问题研究［J］．湖南社会科学，2012（6）：42-47．

［89］马欣川．人才测评：基于胜任力的探索［M］．北京：北京邮电大

学出版社，2008.

［90］毛军权，李明．完善上海市竞争性选拔干部方式研究［J］．上海行政学院学报，2014，15（5）：91-101.

［91］南京市党建研究所课题组，邵建光．完善竞争性选拔干部方法机制研究：以南京市竞争性选拔干部的实践为研究对象［J］．中共南京市委党校学报，2012（1）：60-66.

［92］宁本荣．提高公开选拔领导干部笔试测试有效性路径分析［J］．理论月刊，2011（7）：93-95.

［93］牛安生．关于完善竞争性选拔干部方式的思考［J］．学习论坛，2014（2）：19-22.

［94］彭湘华．竞争性选拔工作的新谋划和新机制［J］．领导科学，2013（12）：40-41.

［95］任怀国．中国古代选官制度论析［J］．江海学刊，2001（4）：117-122.

［96］任利成，白宪生，鲁锦涛．竞争性选拔情境中社会网络及其演化研究［J］．华东经济管理，2011（3）：125-132.

［97］山东行政学院课题组，朱光明，邵华．加快推进山东省竞争性选拔领导干部工作的若干思考［J］．山东行政学院学报，2013（1）：6-13.

［98］山西省委组织部课题组，盛茂林，张葆．竞争性选拔干部中的"高分低能"问题研究［J］．中国延安干部学院学报，2015（5）：71-77.

［99］沈勇尧．人才管理：连接大型书城的过去与未来：上海书城案例解析［J］．编辑学刊，2015（4）：17-20.

［100］石树林．公开选拔领导干部的三统一指导原则［J］．求索，2011（9）：92-93.

［101］四川省委组织部．公开选拔领导干部工作参考教程［M］．成都：四川人民出版社，2002.

［102］苏永华．人才测评概论［M］．北京：中国人民大学出版社，2011.

［103］孙明．竞争性选拔干部方式的科学定位［J］．领导科学，2014（9）：13-14.

［104］孙明．竞争性选拔与传统选拔方式的质量比较［J］．领导科学，2012（7）：45-46.

［105］唐晓阳．竞争性选拔党政领导干部存在的问题及对策研究［J］．岭南学刊，2013（6）：46-51.

［106］田改伟．改革和完善竞争性选拔干部的思考［J］．郑州大学学报（哲学社会科学版），2014（5）：18-23.

［107］汪继红．中国公开选拔领导干部考试制度研究［M］．武汉：华中师范大学出版社，2010.

［108］王爱英．完善竞争性选拔干部工作机制的思考［J］．领导科学，2012（35）：46-47.

［109］王超航．竞争性选拔干部考试、考核、考察相结合存在的主要问题［J］．辽宁行政学院学报，2014（6）：10-11，14.

［110］王德鹏．竞争性选拔干部的适岗评价问题分析［J］．领导科学，2013（10）：44.

［111］王江红．当前干部公开选拔中的问题及其对策［J］．理论学刊，2003（5）：114-115.

［112］王路江．高校公开选拔领导干部的实践与思考［J］．中国高等教育，2012（1）：17-20.

［113］王奇．论竞争性选拔干部的科学内涵与基本理念［J］．南京社会科学，2010（12）：63-67.

［114］王文成，张信昌．竞争性选拔干部考评的活力创新与秩序规则［J］．领导科学，2015（23）：32-33.

［115］王文成．竞争性干部选拔考试的伦理旨趣初探［J］．信阳师范学院学报（哲学社会科学版），2014（5）：1-5.

［116］王文成．竞争性选拔的效率分析：基于交易成本的观点［J］．郑州大学学报（哲学社会科学版），2014（2）：23-27.

［117］王文成．竞争性选拔考试的信用契约理论探索［J］．学术论坛，2014（7）：82-85.

［118］王文成．考选公平：我国公考制度科学化的路径选择［J］．河南社会科学，2013（10）：35-38.

［119］王璋．三票制选官：干部选拔任用制度创新的实践与思考［M］．北京：中央党校出版社，2007.

［120］乌力吉．竞争性选拔干部的新探索［J］．领导科学，2011（3）：40.

[121] 吴翰飞. 中国公开选拔领导干部制度研究 [M]. 北京：中国社会科学出版社，2002.

[122] 吴瀚飞. 论公开选拔领导干部制度的孕育、产生及其历史条件 [J]. 政治学研究，2003（2）：112-117.

[123] 吴瀚飞. 论推行公开选拔领导干部制度的制约因素及其对策选择 [J]. 理论前沿，2003（18）：13-15.

[124] 吴妮丽. 试论改革开放以来中国干部选拔任用制度改革 [J]. 首都师范大学学报（社会科学版），2006（S1）：167-169.

[125] 吴志华，廖志豪，叶超. 干部竞争性选拔及其优化路径 [M]. 上海：上海人民出版社，2013.

[126] 萧鸣政. 关于当前我国领导干部公选制问题的探讨 [J]. 北京大学学报（哲学社会科学版），2011（6）：92-99.

[127] 谢吉晨. 干部竞争性选拔研究的政治生态学视角 [J]. 江海学刊，2015（4）：125-130.

[128] 熊晖. 改进竞争性选拔干部工作 [J]. 党建研究，2011（5）：22-23.

[129] 徐彬. 当代中国干部个体化及其政治逻辑研究 [J]. 经济社会体制比较，2013（4）：214-223.

[130] 杨丹娜. 论干部选任实行公开选拔方式的积极意义 [J]. 理论前沿，2002（19）：13-14.

[131] 杨海军，凌文辁，袁登华. 公平性、有效性与可操作性，竞争性选拔该何去何从？[J]. 现代管理科学，2011（7）：27-28，40.

[132] 杨海军，凌文辁，袁登华. 竞争性选拔中笔试、面试、量化考察权重设置实证研究 [J]. 现代管理科学，2011（5）：15-17.

[133] 杨兴坤. 推进领导干部竞争上岗工作研究：以 H 市为例 [J]. 探索，2012（3）：84-90.

[134] 姚待献. "一评三考"竞争性选拔干部的实践与思考 [J]. 领导科学，2011（18）：33-34.

[135] 于今，王亚，陶雨生，中国领导干部公选研究课题组. 中国公开选拔领导干部发展报告（2013 年）[M]. 北京：红旗出版社，2013.

[136] 于学强. 中国干部选拔的问题与对策研究 [M]. 北京：中国社会科学出版社，2009.

［137］于学强．中国共产党干部选拔民主化研究［M］．北京：中国社会科学出版社，2012.

［138］余绪鹏．党政干部选用制度：现实优势、矛盾困境与改进思路［J］．理论月刊，2015（7）：109-114.

［139］喻泽丽．公开选拔任用干部过程中应处理好的关系［J］．中国行政管理，2004（2）：87.

［140］张爱卿．人才测评［M］．北京：中国人民大学出版社，2011.

［141］张成．党政领导干部公开选拔制度存在的问题及其对策［J］．理论探讨，2007（1）：159-162.

［142］张春福．竞争性选拔干部质量比较研究［J］．领导科学，2012（19）：48-51.

［143］张建文．提高竞争性选拔干部的质量和效益［J］．学习月刊，2012（18）：56.

［144］张建新．突出干部选拔方式竞争性的实践与思考［J］．领导科学，2010（6）：44-45.

［145］张捷．提高竞争性选拔干部的科学性［J］．江苏行政学院学报，2013（5）：85-89.

［146］张进辅．现代人才测评技术与应用策略［M］．重庆：重庆出版社，2006.

［147］张俊丽．提高竞争性选拔干部的科学化水平［J］．中共太原市委党校学报，2012（6）：29-31.

［148］张瑞红．公开选拔和竞争上岗是我党干部制度创新的重要成果［J］．理论前沿，2002（23）：35.

［149］张子云．公选公正论：中国公开选拔制度的政治哲学研究［M］．北京：人民出版社，2010.

［150］张子云．中国公开选拔制度的发展与展望［J］．学术界，2010（10）：17-23.

［151］赵洪俊．公开选拔和竞争上岗面试教程［M］．北京：中央党校出版社，2003.

［152］赵建平．干部竞争性选拔的目标取向和价值诉求探析［J］．领导科学，2014（25）：34-37.

［153］赵建平．如何把对干部德的考核贯穿于竞争性选拔工作全过程［J］．中国党政干部论坛，2014（9）：70-73.

［154］赵曙明．人才测评 理论、方法、工具、实务［M］．北京：人民邮电出版社，2014.

［155］郑海兵，齐咏梅．关于改进和完善竞争性选拔干部方式的几点思考［J］．行政与法，2014（4）：69-73.

［156］政策法规局中组部研究室．创造充满活力的用人机制［M］．青岛：青岛出版社，2000.

［157］中共四川广安市委组织部课题组．推进竞争性选拔工作需要把握的问题［J］．领导科学，2011（31）：42-43.

［158］中共四川省委组织部课题组．竞争性选拔干部的优势和特点［J］．党建研究，2012（5）：34-35.

［159］中共四川省委组织部课题组．完善竞争性选拔干部方法和机制问题拓展研究［J］．党建研究，2012（2）：29-34.

［160］中共中央组织部研究室．干部人事制度改革研究［M］．北京：党建读物出版社，2011.

［161］中共重庆市委党校课题组．党政领导干部选拔任用科学化研究［J］．探索，2014（1）：74-81.

［162］中央组织部党建研究所课题组．提高选人用人公信度问题研究［J］．当代世界与社会主义，2014（4）：110-116.

［163］中组部研究室．干部人事制度改革法规文件选编［M］．北京：党建读物出版社，2004.

［164］中组部要讯．加大中央企业领导人员竞争性选拔力度［J］．党建研究，2010（3）：13.

［165］钟利贵．积极探索竞争性选拔干部新路子［J］．党建研究，2011（1）：36-37.

［166］朱水成．对公选实践的理性反思［J］．理论探讨，2007（2）：166-170.

［167］朱增志．竞争性选拔干部如何做到人岗相适［J］．领导科学，2012（1）：34-36.

［168］BIES R J, MOAG J S. Interactional justice：communication criteria of fairness ［J］. Research on Negotiation in Organizations, 1986, 1 (1): 43-55.

［169］ CARLESS S A. Person-job fit versus person-organization fit as predictors of organizational attraction and job acceptance intentions: a longitudinal study ［J］. Journal of Occupational and Organizational Psychology, 2005, 78 (3): 411-429.

［170］ GREENBERG J, CROPANZANO R. The social side of fairness: interpersonal and informational classes of organizational justice ［J］. Justice in the Workplace: Approaching fairness in human resource management, Lawrence Erlbaum Associates, Hillsdale, NJ, 1993: 79-103.

［171］ KRISTOF-BROWN A L, ZIMMERMAN R D, JOHNSON E C. consequences of individual's fit at work: a Meta-analysis of person-job, person-organization, person-group, and person-supervisor fit ［J］. Personnel Psychology, 2005, 58 (2): 281-342.

［172］ LUBINSKI D, BENBOW C P. States of excellence ［J］. American Psychologist, 2000, 55 (1): 137-150.

［173］ REEVE C L, HEGGESTAD E D. Differential relations between general cognitive ability and interest-vocation fit ［J］. Journal of Occupational and Organizational Psychology, 2004, 77 (3): 385-402.

［174］ TURNER R H. Sponsored and contest mobility and the school system ［J］. American Sociological Review, 1960, 25 (6): 855-867.

［175］ WIENER Y. Commitment in organizations: A normative view ［J］. Academy of Management Review, 1982, 7 (3): 418-428.